社会を変える教育　Citizenship Education
〜英国のシティズンシップ教育とクリック・レポートから〜

まえがき

　2002年に英国で導入されたシティズンシップ教育が各国で注目されている。地域社会の支え合いやボランティア活動などの社会参加，民主主義社会の有権者としての政治参加のための知識と技能を育む教育カリキュラムである。

　本書は，日本におけるシティズンシップ教育の可能性を英国のそれを基底に探った論考である。

　第一編では現下の教育課題を概観し，いまなぜシティズンシップ教育が求められるのかを述べた。執筆はボランティア学習の視点からシティズンシップ教育を研究してきた長沼豊が担当した。

　第二編は日本におけるシティズンシップ教育の導入の可能性について多角的に検討したものである。執筆は社会科教育，政治教育の視点からシティズンシップ教育を研究してきた大久保正弘が担当した。

　第三編は1998年に英国教育省のシティズンシップ教育のための諮問委員会が発表した「Education for citizenship and the teaching of democracy in schools」（通称：クリック・レポート）を全訳したものである。2002年から英国の中等教育段階で必修教科となったCitizenshipは，この報告書が基になって実践が開始されたものである。その意味で，なぜ英国がそのような道を歩んだのかを知るための最も重要な文献であると言っても過言ではない。敢えて全訳を掲載したのは，こうした理由による。和訳は，政治的リテラシーについて研究してきた鈴木崇弘と，英語教育の視点からシティズンシップ教育を分析してきた由井一成が担当した。

　本書が，これからの日本のシティズンシップ教育の発展・推進に資することができれば幸いである。

2012年10月1日　編著者記す

社会を変える教育　Citizenship Education
～英国のシティズンシップ教育とクリック・レポートから～

第一編　現下の教育課題とシティズンシップ教育	5
1．教育をめぐる現代的課題とシティズンシップ	6
2．社会参加・政治参加としてのシティズンシップ教育	12
第二編　わが国における Citizenship Education の導入の 　　　　可能性について－英国の事例との比較分析から	19
1．社会の変化と日本の教育における状況	27
2．わが国における社会科の系譜と Citizenship の教育をめぐる新しい動き	31
3．英国の教育改革と Citizenship Education の導入過程	55
4．英国における Citizenship Education の事例分析－その内容と組織体制－	64
5．Citizenship Education の導入，その現状と課題	98
6．わが国における教育の今後の改善にむけて	100

執筆担当

　第一編　長沼 豊

　第二編　大久保 正弘

　第三編　シティズンシップ教育のための諮問委員会（バーナード・クリックほか）
　　　　　the Advisary Group on Citizenship, QCA
　　　　　鈴木 崇弘，由井一成 訳

第三編　シティズンシップのための教育と
　　　　学校で民主主義を学ぶために　　　　　　　　　111

1. はじめに　　　　　　　　　　　　　　　　　　　　112
　　1. 序　　　　　　　　　　　　　　　　　　　　　112
　　2. Citizenship の意義　　　　　　　　　　　　　　117
　　3. シティズンシップ教育：その必要性とねらい　　　125

2. 提言　　　　　　　　　　　　　　　　　　　　　　142
　　4. 提言の骨子　　　　　　　　　　　　　　　　　142
　　5. 今後の方法　　　　　　　　　　　　　　　　　146

3. 詳説　　　　　　　　　　　　　　　　　　　　　　166
　　6. シティズンシップ教育の枠組み：到達目標　　　166
　　7. シティズンシップ教育の教育課程に関する法定事項の一部について，
　　　　他の教科との連携によりそれを実現させる方法についての提案　　191
　　8. シティズンシップ教育における学習を主要技能の育成に役立たせる方法　195
　　9. 学校全体の課題　　　　　　　　　　　　　　　198
　　10. 意見の分かれる問題を取り扱う際の指導法　　199
　　11. おわりに　　　　　　　　　　　　　　　　　208

第一編
現下の教育課題とシティズンシップ教育

本編は，クリック・レポートを翻訳した意図，すなわちいまなぜ日本でシティズンシップ教育が必要なのかを述べ，学校教育における実践のための手がかりを社会参加と政治参加の視点から紹介する。

　まず，日本の教育をめぐる 2011（平成 23）年 8 月現在の課題を，学校，家庭，地域社会の 3 つの視点から概観する。その上で，いま求められる教育は社会参加・政治参加の視点からの捉え直しであることを説明する。次に，学校教育における社会参加・政治参加の具体的な実践への視座として，3 つの例を挙げ，日本におけるシティズンシップ教育の可能性を述べる。

1. 教育をめぐる現代的課題とシティズンシップ

（1）学校教育をめぐる課題

　学校教育では，2008（平成 20）年，2009（平成 21）年に告示された学習指導要領に基づく教育課程が実践されている。既に小学校では 2011（平成 23）年度から完全実施され，中学校は 2012（平成 24）年度から，高等学校は 2013（平成 25）年度からである。新カリキュラムでは「生きる力」を引き続き重視しつつ，確かな学力を身につけることに重点を置いているのが特徴である。また，これからの社会を知識基盤社会と位置づけ，豊かな知識・情報・技術を基盤としてそれらを活用して，創造的な社会を構築することを目指している。このいわば「知の活用」の重視は，OECD（経済協力開発機構 Organization for Economic Cooperation and Development）が実施する学習到達度調査 PISA（Programme for International Student Assessment）の影響が大きい。というのも OECD は経済に関わる団体であることから，アカデミックな知だけでなく，実際の社会に活用するための知，換言すれば経済活動に有益な学力を重視しているからである。例えば PISA における数学的リテラシーの定義は「数学が世界で果たす役割を見つけ，理解し，現在

及び将来の個人の生活，職業生活，友人や家族や親族との社会生活，建設的で関心を持った思慮深い市民としての生活において確実な数学的根拠にもとづき判断を行い，数学に携わる能力」[1]であり，調査における数学の問題も実生活に即した場面で数学的に考え解くようなタイプになっている。

　このPISAへの傾倒は2006（平成18）年に発足した「教育再生会議」の頃の政策の影響である。[2]この会議の趣旨は一言で言えば「公教育の市場化」であり，経済界の論理を導入し，効率的な運営・経営を目指すということである。学校評価の統一化と強化，学校経営目標の数値化などがその例である。しかし人間を育てる教育という営みは，必ずしも数値だけで評価できるものではない。例えば「図書室の本を年間で○冊貸し出すように指導する」として目標を掲げ，達成できたとしても，肝心なのはどのような児童生徒がどのような本を読んでどのような成果があったのかであり，貸し出しの冊数そのものではない。営利を追求し無駄を省く，数値目標を掲げ効率的に運営するといった企業の文化，風土を学校教育にもそのまま適用せよという間違った理念が，現在の学校や教員をますます多忙にさせ追い込んでいる。その結果，評価が声高に叫ばれ，日本の風土に合致した「おおらかさ」や「しなやかさ」のようなものが学校教育から失われ，どこかギスギスしているのではないだろうか。これは日本の教育界の大きな損失である。

　すぐに活用できる知だけが知ではない。知を社会生活に適用させることは重要である。しかしそれは個人の学力・能力の一側面でしかない。大切なのは知のバランスであり，個人が成長・発達するために必要な力，社会生活を営む上で求められる力，国際社会で活躍するための力など，学力・能力の多様性を認めつつ，その関係性（知の体系）を明らかにする必要がある。国際的な学力調査の結果向上に躍起になるのではなく，現代の日本社会で求められる市民（シティズン）像を徹底的に議論し，そのために必要な教育システムを追求し実現することが重要である。

（2）家庭教育をめぐる課題

ここでは2つの課題を指摘する。

一つはモンスターペアレントである。モンスターペアレントとは「学校や教師に対して無理難題を突きつけてきたり，理不尽なクレームを訴えてきたりする非常識な親」のことを指す。例えば夜中に長時間教員の自宅に電話をしたり，教育委員会に直訴したり，自分の子どもを学芸会の主人公にしてくれとか担任を変えてくれなどの要求をしたりする保護者である。おおむね2000（平成12）年以降話題になってきた。尾木によれば，これらの親は①我が子中心型，②ネグレクト（育児放棄）型，③ノーモラル型，④学校依存型，⑤権利主張型に分類できるという。[3] こうした保護者の存在が，教員の多忙化に拍車をかけている。対応に追われ，本来の職務の遂行に影響が出るからである。

このような事象の背景としては，社会全体のモラル低下，教員の社会的地位の相対的な低下，マスコミの影響，教育行政の影響（学校選択制など），消費者意識の学校への拡大などが考えられる。これらに加え，ここでは「保護者間の交流不足」を挙げておきたい。やり場のないストレスのはけ口のターゲットが学校や教員に向いていると考えられるからである。

保護者から見て，学校や教員への不満や疑問は，いつの時代にもある。それらは誤解であることも多い。保護者同士の情報交換が密であれば，教員の手を煩わせることなく誤解が解けることもある。（もちろん教員に質問して解決することもある。）また，学校やクラスの様子を子どもの情報だけから得ていると全体像を把握しきれないばかりか，間違った判断をしてしまう可能性もある。別の保護者の情報から，真実を知ることもある。このような情報収集能力に欠ける保護者，短絡的な判断をする保護者がモンスターになる可能性が高いのではないだろうか。多様な情報を分析し，正しい情報で判断すること，すなわち「保護者への教育」として民主的な問題解決能力の育成が求められている（シティズンシップ教育の必要性）。

二つ目に，児童虐待，貧困などの「福祉的課題」が家庭を覆っているという点である。

　児童虐待については，厚生労働省発表（2011年7月）によると，[4] 平成21年度に発生または明らかになった虐待死事例は47例・49人（平成20年度64例・67人）で，その9割が0～5歳である。また，平成22年度中に全国205か所の児童相談所が児童虐待相談として対応した件数は55,152件で，これまでで最多の件数となっている。

　貧困率については，厚生労働省の国民生活基礎調査（2011年7月発表）[5] によると，所得が少なく生活が苦しい人の割合を示す「相対的貧困率」[6] が2010年調査では16.0％で，2007年調査より0.3ポイント悪化した。OECDの2008年報告書では，加盟30カ国の平均は10.6％だったことから，先進諸国の中では悪い水準にあることがわかる。

　こうした家庭の状況は，日本経済と不可分の関係にある。バブル崩壊から世界同時株安，新興国の台頭による日本の相対的な経済地位の低下，そしてリーマンショックに至る，いわゆる平成不況には好転の兆しはなく，さらに東日本大震災の影響が追い打ちをかけている。経済の悪化が家庭を直撃し，保護者はもちろん，子どもの生活にも影響を与えている。大人の「生きる力」の危うさが日本社会を覆っているのが現状である。経済を活性化させ，人々が社会参加・参画に喜びを感じる社会づくり，そしてそのための教育が求められている。

(3) 地域社会をめぐる課題

　ここでは，震災と政治の状況について，シティズンシップ教育の視点から言及する。

　2011年3月11日に発生した地震と津波による東日本大震災は，社会に大きな打撃を与えた。筆者は同年5月に被災地に赴いたが，その想像を絶する光景に絶句し，気軽に頑張ろうとは言えない状況を肌で感じてきた。未曾有の災害に対して私たちはどのように向き合い行動するのか，日本全体が問わ

れていると言える。震災で改めて確認されたことは，人々の普段の暮らしのネットワークである。地域社会の結びつきを強固にし，相互扶助・相互支援が可能な社会を構築することである。町会や自治会といった，行政と結びついた団体はもちろん，地域の同好の人々で組織するボランティア・NPO団体も今後さらに重要視されてくるだろう。

　このような地域ネットワークは，言うのは簡単であるが，実際の組織化や連携には時間がかかるものである。また各種団体には，地域に住む各世代の参加が不可欠である。そこでまずは子どもの頃から地域社会に目を向け，自らもその一員として地域の役に立つことを実感し，協働して課題解決をしていく素養を身につけることが重要となる。地域社会に関わる教育，それは学校だけではなく，家庭や地域でも実践可能なものである。しかし，年齢を超えた縦のつながりがあった昭和の時代とは異なり，現実にはそうした機会が存在しない地域もあるだろう。したがって意図的，計画的に教育として構成し，子どもたちに機会を提供することが必要である。シティズンシップ教育の必要性はこの点にもある。

　次に日本の政治の状況についてである。長期政権だった小泉首相時代は「劇場型政治」と称され，首相の発する短いフレーズが常に話題になるなど，政治への関心を喚起したことに関しては評価が高い。しかし一方で，ワイドショー政治と批判されるように，「受けること」が第一義となり，政策本位ではない政治が定着したことは残念であった。特に，国会答弁で「人生いろいろ，会社もいろいろ」「（公約に関して）この程度の約束を守らないのは大したことではない」といった発言をするなど，場当たり的で国民軽視の発言は，人気の高さとは引き換えに，首相の地位の軽さを国民に認知させてしまった。

　この首相の「地位の軽さ」と，自らも述べていた破壊的な政治手法は，後に続く政権にも影響を与え，安倍（2006.9就任），福田（2007.9就任），麻生（2008.9就任），鳩山（2009.9就任），管（2010.6就任）の5政権はいずれも短命に終わっている。野田（2011.9就任）政権も時間の問題である。もちろん短命の理由は衆参のねじれ現象や政権交代など種々の要因によるが，一つ

の失政をマスコミが大きく取り上げ，徹底的に攻撃をするという構図（これは首相の地位を軽く見ている証左）が続いていることも社会現象として特徴的である。そしてワイドショー的な政治状況はマスコミ依存の風潮をさらに強め，首相の地位を軽く扱う報道を含め，政治が機能しない要因を自ら作り出し悪循環に陥っている。

　日本社会は，マスコミの報道のみに影響を受けない政治状況を作り出すために，市民（シティズン）が情報収集能力，判断能力を向上させなければならない。また，政治に興味をもつだけでなく，民主的な方法で参加・参画し，主体的に関与しなければならない。そのような市民（シティズン）は，すぐに出現するとは限らず，意図的な教育機能によって育成・養成することが求められるのである。

（4）社会参加・政治参加の視点からの捉え直し

　以上のように，現代日本の学校，家庭，地域社会の各領域で必要とされているのは，得た知識を社会に活用する力，学校で養う総合的な学力・能力，地域社会で自己を生かし他者と連携していく力，政治に興味・関心をもち民主的な方法で主体的に関与していく力などである。すなわち，現代社会にとって市民（シティズン）として必要な学力・素養・態度・知識・技能等を総合的に獲得するような教育といえる。シティズンシップ教育と呼ぶのは，まさにこのような教育である。その具体的な方策は，決して新しいことをするのではなく，今までさまざまな領域で行ってきた教育を，社会参加と政治参加の視点で捉え直し，再構成して実践するものである。

2．社会参加・政治参加としてのシティズンシップ教育

　そのような教育の具体的なあり方の例として，ここでは3つの要素を挙げて説明する。

（1）多様性と共感性の理解

　市民（シティズン）として求められる素養のうち基盤となるものの一つとして，多様性と共感性の理解を挙げておきたい。現代およびこれからの国際社会においては異文化へのまなざしと相互理解がますます不可欠になると考えられるからである。日本はそれほどでもないが，国籍の多様性を受容している国では，さまざまな人々が地域社会に暮らしている現実がある。例えばオーストラリアでは国民の4分の1が海外生まれであるという。[7]

　多様性と共感性を理解する教育の基盤となるのは「違い」を教えることと「同じ」を教えることである。異文化理解という言葉があるが，「異」の部分に関する正しい理解は重要である。文化だけではなく，国籍，人種，民族，性差，年齢，価値観，経済状況，体力，障がいなど，人間に関するあらゆる違いを認識し，その違いの本質を理解することは，多様な他者の存在を受容する上で基盤となるものである。発達段階に応じて可能であれば，その違いを理由にした差別の歴史なども教示し，差別が起きてしまうメカニズムも十分理解させる必要がある。その上で「同じ」人間として共生・共存するための方策を考察するような機会を設けるのである。

　いまだに地球上には紛争が絶えない。その原因の多くは「違い」である。「違いを超えた同じ」をどう実現するのか，地球的規模の課題として避けては通れない話題である。紛争に向かうのか回避できるのか，その差は「違い」を共感できるかどうかに関わっているとも言える。紛争という事象に対してただ諦めるだけでなく，教育の場面でできることは多い。

　思想についても同様である。右寄り，左寄りと言った表現があるように

180度開いて対立する価値観が存在するのが世の中である。教育の場で重要なのは，どちらの思想で教育するかではなく，さまざまな思想があることを教え，その根拠となる理念や考え方を理解させることではないだろうか。そして，その上でどの思想を選ぶかは児童生徒に委ねることではないだろうか。例えば，思想的に対立する事象に関する各新聞の社説内容を比較し，対立点を浮き彫りにしつつ，各自の考えを述べ合うという授業がある。シティズンシップ教育で求められるのは，このようなものである。

社会に存在する多様な価値観を理解し共感し，共生・共存の社会を主体的に創り出す，それがシティズンシップ教育の究極の目的だと言っても過言ではない。

（2）民主的な合意形成

市民（シティズン）として求められる素養のうち政治的な参加の側面では，民主的な合意形成の手法を学ぶ機会を重視したい。民主主義社会においては常に，コンセンサスを図って物事を進めること，各人の意見が最大限尊重されること，合意形成の過程でできる限り多くの人の賛同が得られるものにブラッシュアップしていくこと，一定のルールに則って合意を得ることなどが求められるからである。

このような機会は既に学校教育でも沢山用意されている。学級のなかで話し合う学級活動，学校全体で協議を進める児童会活動，生徒会活動など，これらは特別活動という領域で行われている。筆者はよく皮肉を込めて「日本で最も民主的な合意形成をしているのは小学校の学級会だ」と言うことがある。発言の際は挙手をする，賛成か反対かを明確に述べる，意見の理由を述べる，少数意見を尊重する，意見が割れた時には折衷案を出す，ヤジを飛ばさない，合意した内容は全員で尊重し実行する，など民主主義社会の基本的な内容が詰まっているからだ。翻って日本の国会はどうだろうか。国の最高議決機関にしてはお粗末ではないだろうか。子どもたちの見本・手本になっているだろうか。日常茶飯事のヤジ，強行採決，審議不十分のままの議決，

明確ではない内閣の答弁，切れ味を欠く野党の追求，内容ではなく権力闘争で議案を取引材料にする仕組み…などなど。残念ながら国会が見本にならないとすれば，せめて学校教育では，民主的な手法とその意義を子どもたちにきちんと伝授してほしい。筆者は，学校における種々の話し合い活動を「民主主義の内容と手法を体験・体感・体得する教育活動」[8]と捉え重視している。しかしながら，学級活動や生徒会活動の話し合いで，民主主義のルールを徹底して教えている学校はどれだけあるだろうか。本書の共同執筆者：大久保氏とともに，2002年から中等教育段階に必修教科としてCitizenshipを導入した英国のシティズンシップ教育の視察に行ったことがある。[9]その際，学校へのヒアリングにおいて，どの学校でも校長や教員が強調していた点は，School Councilの重視である。シティズンシップを養う格好の場として捉えているとのことであった。これは日本で言う児童会・生徒会活動のことである。

　もちろん学校教育だけではない。小さい頃からの遊びのなかでも民主的な合意形成に関わる能力が養われる機会はある。異年齢による集団遊びでは，ルールも年長者を中心に自分たちで合意形成していく。例えばドッジボールで小さい子が加入した時には，その子に限り2回までは当たってもセーフなど，その場で合意しルールを組み替えていく。自分たちの世界で通用するルールを自分たちが主体的に決めていく。ここではルールを自分たちで変えられるという視点が重要となる。ルールを厳格に守ることを要求する競技スポーツではなく，あえて単純な遊びのほうがよい。このように，自然な形で合意形成していくプロセスを，その難しさやおもしろさを含め，小さい頃から味わう機会を担保したい。

　また，民主的な合意形成にはさまざまな手法があることや，各々の手法の意義も教示するようにするとよい。事前に理解を得ておき円滑に協議を進める工夫（日本社会ではよく使われる根回しの手法）などが一例である。こうした手法は日本独特であり欧米の人々からは理解が得られにくいと言われる。フライングをするのではなく，その場で徹底的に議論して合意形成をするのが一般的だと考えられているからである。また，議論の際日本人は明確

に肯定・否定しないのでわかりにくいとも言われる。そのため，それを悪と見て徹底した欧米流のディベート手法を教えるべきだとの考え方もある。国際化を考慮すればその通りである。しかし，ではなぜそのような日本的な手法が用いられるのか，その理由やよさを考える機会があってもよいだろう。例えば根回しは会議そのものを円滑に進めるための工夫，はっきり否定しないのは相手を傷つけないための優しさの現れ，などである。このように，多様な見方・考え方を理解することもシティズンシップ教育で実践する内容である。

（3）社会に参画する手段としてのボランティア

　市民（シティズン）として求められる素養のうち社会的な参加の側面では，ボランティア活動の学びに着目したボランティア学習を挙げておきたい。具体的なアクション（社会への関与）によって社会は変わるという事実を理解することが重要だからである。

　社会に参加・参画し創造するということは，ボランティアが単なるお手伝いではないことを意味している。ボランティアは奉仕と訳されることがあるが，両者の意味は異なっていることも強調しておきたい。というのも，日本でボランティア活動を奉仕活動と同じ意味で使っていたのは1970年代くらいまでであり，この時期を境にして「～のために」(for) から「～とともに」(with) へと変容したからである。ボランティア活動はforという一方向な支援ではなくwithつまり共に歩む，共生を体現するものとして捉えるのが本質である。ちなみに「奉」は上部に「手」という字が左右反対向きに書かれ，貢ぎ物（中央下の部分）を差し出している姿，「仕」は「士」（偉い位の人を表す部分）の横に立っている人（人偏），つまりお仕えする人を表している。いずれも下の者が上の者に相対する構えを表しており上下関係を含んだ意味となる。ボランティアは「自由意志」を表す言葉が語源であるから明らかに違う。したがって，ボランティア活動の4つの特性（①自発性・主体性，②無償性・非営利性，③公共性・公益性，④先駆性・開発性・創造性）のうち，

④が社会開発・社会創造に関わる要素であり,自ら無償で誰かの役に立つ(①②③)という意味だけではない。

　活動の分野についても誤解がある。ボランティア活動というと施設や介護・介助といった福祉の分野を想像する人が多いが,活動の分野を例示してみると,①社会福祉,②自然・環境,③国際交流・協力,④スポーツ,⑤教育,⑥保健医療,⑦消費生活,⑧文化,⑨地域振興,⑩人権,⑪平和,⑫情報技術(IT),⑬災害,⑭ボランティア活動の推進,⑮その他,と多種多様である。私たちの暮らす社会のあらゆるところにボランティア活動を行う余地や素地があるといっても過言ではない。したがって,ボランティア学習による社会参加・参画を促すシティズンシップ教育の内容・方法は多様である。

　ボランティア活動は,社会に存在する多様な課題(支援が必要な状況)に向き合い,その解決策を考え,それを実行し,検証し,その成果や課題を提言することで,よりよい社会作りに自らの意志で貢献するものである。その学習性に着目して社会体験学習として構成したものが「ボランティア学習」である。学びの内容には,例えば以下のようなものがある。

①他者との関わりから多様な価値を知る(多様な他者との出会いを通して,人々の多様な価値観に対する理解を深めることなど)

②社会的課題について考察し,解決を図る手法について学ぶ(社会理解を通して社会性・公共性を養うこと,批判的に考察する力を向上させることなど)

③活動を通して自己の在り方,生き方を再考する機会をもつ(社会的自立に関わる力や自己を生かす能力を伸ばすこと,自発性や主体性などを育成すること,自己肯定感を獲得させることなど)

④ボランティア活動の社会的意義について学ぶ(参加・参画したボランティア活動の社会的意義についての考察を通して,ボランティア活動に対する理解を深めることなど)

⑤多様な人々との関わり合いからコミュニケーション能力を高める(人間関係形成能力,コミュニケーション能力などを伸ばすこと,他者や社会

に対する貢献意識を向上させることなど）

　このようなボランティア学習が，社会参加・参画の一手段としてシティズンシップ教育の一翼を担うことは言うまでもない。

　本編で述べたように，シティズンシップ教育は現代の日本社会において意義あるもの，必要性のあるものとして捉えられる。それは新たなことを教育の諸場面に導入するのではなく，既存の日本の教育の理念，内容・方法の中にヒントがあり，それらを社会参加・政治参加の視点から見直すことで実現・実践可能な教育活動である。

1　国立教育政策研究所編『生きるための知識と技能4　OECD生徒の学習到達度調査（PISA）2009年調査国際結果報告書』明石書店，2010年，p.112
2　PISAへの傾倒のみならず，学校教育をめぐる多くの教育政策が影響を受けた。教員免許更新制をはじめとして，現在の閉塞的な状況の要因の多くは当時の教育政策にある。
3　尾木直樹『バカ親って言うな！　－モンスターペアレントの謎』角川書店，2008年，p.23
4　子ども虐待による死亡事例等の検証結果（第7次報告概要）及び児童虐待相談対応件数等
　　http://www.mhlw.go.jp/stf/houdou/2r9852000001jiq1.html
5　毎日新聞　2011年7月13日記事
6　相対的貧困率は，すべての国民を所得順に並べて，真ん中の人の所得の半分（貧困線）に満たない人の割合を指す。
7　佐藤博志編著『オーストラリアの教育改革　－21世紀型教育立国への挑戦－』学文社，2011年，p.9
8　長沼豊，柴崎直人，林幸克編著『改訂　特別活動概論』久美出版，2009年，p.29
9　現在は必修教科からはずす方向で検討されている。

第二編

わが国における Citizenship Education の導入の可能性について

− 英国の事例との比較分析から −

はじめに

1．本研究の問題意識と目的

　若者の政治参加の必要性が叫ばれて久しい。彼らの投票率の低さ，公共生活における規範意識の低下なども指摘されている。公教育そのものの改革が必要とされ，なおかつ，公民もしくは市民としての資質の向上のため，その教育カリキュラムの改善も求められている。

　当然のことながら，わが国では，「公民科」および「社会科」という教科・科目がある。しかし，日本では受験競争の影響もあり暗記中心の知識学習となっているという指摘も多い。受験学力である「見える学力」と，社会生活のなかでよりよく生きるための「生きる力」＝「見えない学力」との乖離が指摘され，その改善が求められている。しかし，後者の学力については，その評価が難しい。とりわけ子供を学校に送る親たちにとっては，受験学力の向上こそが興味の対象となりやすく，「見えない学力」の向上のための教育政策について社会的コンセンサスを得にくい状況にある。

　英国の新教科 Citizenship は，投票率の低下をはじめとする若者の政治的無関心や，ニートの問題に代表される社会的無力感，および若者の反社会的な行動などの深刻な諸問題を背景に導入されるに至った。政治学者 B.Crick を委員長とする諮問委員会の報告書[1998][1]によれば，取り組むべき課題として，「社会的・倫理的責任」「コミュニティとの関わり」「ポリティカル・リテラシー」の３つのキーワードを挙げており，本教科では，日本における公民科や社会科の学習領域を超えて，規範意識の向上をも目指している。その学習手法としてもアクティブ・ラーニングという手法により，ディベートやプレゼンテーションなどが用いられていること，実際にコミュニティのなかで問題解決をしながら学習する（サービス・ラーニング）ことなどが示されている。わが国における道徳科や総合的な学習をも射程範囲とし，知識学

習だけでなく，その技能や態度の習得をも目指しているいわば「見えない学力」の向上に積極的に取り組んでいるように思われる。

したがって，英国の Citizenship Education とわが国における旧来の教科教育（社会科・公民科を中心としつつ道徳・総合的な学習も含む）とを比較分析することによって，当該教科および公教育の本来目指すべき価値やその目的を再検討し，改善の方向性を導き出せるのではないかと考えた。

2．研究の意義

2002 年より，英国の中等教育課程において Citizenship Education が導入され，欧米でも日本でも話題を呼んでいる。品川区では，平成 18 年度より小中一貫特区の目玉教科として「市民科」を導入しており，横浜市でも平成 21 年度より「市民・創造科（仮称）」を導入することになっている。

一方で，当該教科だけでなく，ナショナル・テストの導入や，教育基準局（OFSTED）の設立など，英国の教育改革を評価し，日本に導入しようとする動きが（とくに国政において）多くみられるようになっている。

本稿では，英国の Citizenship Education の事例をもとにして，わが国の公民科・社会科（そして総合的な学習，道徳科もふくめて）の今後のあり方を検討する。このことによって，国家レベルの教育行政，自治体レベルの教育行政における公教育の理念を再確認し，その意義について考えたい。

3．用語の定義

（1）公民の意味について

『世界大百科事典　第二版』（平凡社，1998）によれば，「公民権とは，国または地方公共団体の公務に参与する権利・義務を有する公民としての資格をいう。日本国憲法の下では公民という考え方は廃止され…」とあり，公民とは，本来「国民の中で参政権を有するもの」を指していた。公民権についての制限がなくなった現行憲法下では，この公民は主権者という言葉に近いといえる。大森正・石渡延男 [2001] によれば，「公民は主権者という言葉に

近いが、主権者というとやや意味が狭くなるので、社会科教育界においては公民の用語が使われているのである」としている。また、「ここにいう『公民として必要な基礎的教養』は、教育基本法第8条の『良識ある公民たるに必要な政治的教養は教育上これを尊重しなければならない』を受けたものである」としている。

(2) 訳語の統一方針
・citizen と citizenship の訳語について
　一方で、「市民」の意味については多義的であり、その定義は難しく、citizen の和訳も「市民」と訳されることもあるし、「公民」と訳されることもある。本稿では、便宜的に citizen の訳は「市民」を用いることにする。また、citizenship については、「市民の資質」と「教科の名称」の両義があり、前者についてはカタカナ表記とし、後者は英語表記のままとする。(表1参照)

・教科の名称について
　日本の公民科は、米国の Civics もしくは Civic Education をモデルとしているとされる。本稿のヒアリング報告でも、Citizenship と Civic Education の違いについて言及することになるが、英国でかつて行われていた「Civic Education」と米国で実際に行われている「Civic Education」にも若干の違いがあるように思われる。もちろん、日本の公民教育も若干異なっている。したがって、本稿では、「Civic Education」を公民教育とは和訳せず、英語表記のままとする。(表1参照)
　一方で、英国の教科名の「Citizenship」については、これを「市民科」と訳すか、「公民科」と訳すかは研究者や団体の立場によって意見が異なるため、あえて和訳することはしない。日本で行われている「市民科」も英国のものと同一視せず、表記を使い分けることとした。(表1・2参照)

表1 本稿で用いる和訳方針

原語	よく用いられる和訳の例	本稿で用いる和訳
Citizen	・市民 ・公民	市民
Citizenship	・市民性 ・市民的資質	シティズンシップ（カタカナ表記を採用）
	・市民科（教科の名称） ・公民科（教科の名称）	Citizenship（和訳を使用しない）
Citizenship Education	・市民性教育 ・市民教育 ・公民教育	Citizenship Education（原則として和訳を使用しないが，文脈によっては「シティズンシップ教育」の表記を用いる）
Civic Education	・公民教育（とくに日本・米国のものを指すことが多い） ・市民教育 ・政治教育	Civic Education（和訳を使用しない）

（英国では，教育内容そのものはCitizenship Educationとし，教科の名称としてはCitizenshipを用いており，本稿でもその記述に合わせている。）

表2 わが国で使用されている教科の名称と対応する英訳

わが国での教科名	対応する欧米での教科名	備考（本稿での方針）
公民科	・Civic Education ・Civics	
社会科	・Social Studies	英米の教科名は和訳しない。
市民科	・Citizenship Education ・Citizenship	

（3）公民的資質と市民的資質

『社会科教育指導用語辞典 第二版』によれば，わが国の社会科の目標として用いられている「公民的資質」とは，「国家・社会の成員として求められる知識・理解，能力，関心，態度のことである」としている。とくに，1947（昭和22）年の社会科が発足した初期社会科といわれる時期には，昭和23年の小学校社会科学習指導要領補説編（文部省）には「単に社会を理解させるだけではなく，人々の幸福に対して積極的な熱意と関心を持ち，社会的な不正に対して反発する心が必要」（p.4）とあり，「公民的資質とは，こ

のように単に社会を理解するというスタティックなものではなく，社会に対して積極的に働きかけていくダイナミックなものである」(同 p.4) との説明がなされている。

また，一方で「市民的資質」という言葉が用いられることもある。この点については，同辞典では，「公民とは，市民社会の一員としての市民と，国家の成員としての国民という二つの意味を持った言葉であるとも言われるが，この時期における公民的資質の考え方は前者にウェートが置かれていたと言ってよい。その意味で『市民的資質』という言葉を使う人も少なくない」とし，初期社会科当時の精神を引き継いだダイナミックさを強調するために「市民的資質」という言葉が使われることもあるという。

本稿では，「公民的資質」を国家の成員であることや，国家の参政権といったスタティックなものであるものと同時に，積極的な社会参加といったダイナミックなものの両義的なものととらえ，どちらか一方のみであるとはしない。「市民的資質」については，「市民社会の一員，積極的に社会参加する資質・能力」であり，「公民的資質」のダイナミックな側面を強調したものととらえることにする。

また，citizenship の訳出の際に，資質・能力の側面については，カタカナ表記を使用し，教科名（英国）については英語表記のままとする。

表3　資質・能力についての用語の整理

資質・能力	定義・内容	備考
公民的資質	・国家の成員，国政への参政権	両義的なものととらえ，どちらか一方とはしない。
	・市民社会の一員，積極的に社会参加する資質・能力	
市民的資質	・市民社会の一員，積極的に社会参加する資質・能力	
シティズンシップ	・(能動的・積極的な) シティズンシップ・市民性 ・citizenship	資質としての citizenship の訳出の際，もしくは，その目指す資質として用いる際には，「シティズンシップ」(カタカナ表記) を使用する。

（4）その他

本稿のタイトルおよび本文では,「英国」と表記しているが,英国にはイングランド,ウェールズ,スコットランド,アイルランドがあり,同じ教育制度を使用しているのはイングランドとウェールズである。本稿では,特別な断りがない限り,イングランドの教育制度について言及している。

4. 調査の手法・論文の構成

筆者は Citizenship Education が,日本の教育課程において,どのような位置づけにあたるものなのか（類似教科・カリキュラムとの相違等），そして,日本の教育に導入する意義などについて調査するために,2005年10月30日から11月3日まで渡英し,各団体を視察・ヒアリングした。ヒアリング項目については,主に下記のものがある。

・導入の経緯
・現在の成果と課題について
・日本の公民教育・総合的な学習・道徳教育との違い
・評価のシステム・単位の修得・上級学校への進学について
・教員の養成システムについて
・本カリキュラム導入に関する世論・認知の状況について

本研究では,それらの視察・ヒアリングの結果を定性的に分析し,先行研究や各種機関の調査資料をふまえつつ,それらを整理することで,英国の Citizenship Education をめぐる状況（成果・現状および課題）を明らかにする。必要に応じて,日本の類似事例（教科・カリキュラム）との比較・検討を行いながら,これらの分析をもとに,日本の教育政策への示唆を導きたい。

第1章では,社会状況の変化や,日本の教育において指摘されてきた課題について整理し,Citizenship Education が必要とされる状況について考察する。第2章で,わが国の社会科教育の系譜を概観し,その課題を整理する。

そして，新しい取り組みである「市民科」の事例をとりあげ，分類整理を行う。

第3章では，英国の教育改革とCitizenship Educationの導入の経緯を探り，日英における導入経緯の類似点と相違点を探る。第4章では，英国におけるCitizenship Educationの実施状況を，視察・ヒアリングおよび諸資料をもとに実証的に明らかにする。第5章では，これらの分析・考察をもとに，新教科Citizenshipの導入の意義，現状，課題などを整理する。

第6章では，これまでの日英の状況に対する考察をふまえ，わが国の教育において，シティズンシップを育成するためにどのようにすればよいかを考える。

---

1 the Advisory Group on Citizenship [1998], *Education for citizenship and the teaching of democracy in schools*, Final report of the Advisory Group on Citizenship, Qualification and Curriculum Authorit

第1章　社会の変化と日本の教育における状況

1．社会状況の変化

　目覚しい科学技術の発展により，大量のヒト，モノ，カネの移動が可能となった。このことによって，私たちは世界中の好きな場所へ移動できるし，好きなものを購入することができるようになった。このような社会のグローバル化にともない，合法か否かを問わず多くの移民が見られるようになり，多様な民族，価値観の人々が共生する必要が生じている。

　一方，第二次世界大戦後，世界の先進諸国が福祉国家を目指してきた。しかし，その政治システムの拡大により，官僚制が肥大し財政支出も増大する。経済成長の伸びが鈍るにともなって財政赤字が深刻な問題となっていく。このことから福祉国家の脱却を図り，わが国を含め多くの先進国は1980年代から，新自由主義にもとづく小さな政府を目指すことになる。政府の提供する公共サービスが縮減し，政府（官）だけでは，必要な公共（需要）を担うことができなくなってきた。これまで官が行うべき領域を，市場や市民の力によって補う時代になってきている。市場であれ，市民であれ，新しい公共を理解し，その担い手となることが求められている。[2]

　とくにわが国においては，2000年以降，地方分権の取り組みが始まり，各地域においては地域のことは地域で治める住民自治の必要性が叫ばれるようになってきており，地域活性化の担い手の育成が必要とされている。[3]

　社会の安心・安全という点においては，都市部を中心に地域の連帯の崩壊が指摘され，人的社会資本の整備の必要性が叫ばれている。このような人的・社会的セーフティネットの構築のためにも，市民社会をより強いものにし，公共を新しいものにする必要がある。

2．若者の社会参加をめぐる状況

　明るい選挙推進協会[4]によると，昭和21年から平成5年の総選挙では最低でも投票率が67％以上，最高で76.99％を示しているのに対し，平成8年10月には59.65％，平成12年6月には62.49％，平成15年11月には59.86％，平成17年9月には67.51％と近年は全体的に低調である。平成17年は「郵政民営化選挙」とうたわれた独特な選挙であり，その盛り上がりがありながらも平成5年以前の投票率に達していない。

　また年齢別の投票率では，30歳代〜60歳代で昭和42年から平成5年7月まで常に68％を超えている。平成8年以降は，30歳代の投票率がやや低下し，50％から60％の間を動いている。20歳代では，昭和42年から平成2年2月までは，54.07％から66.69％の間にあるが，平成5年7月に初めて47.76％と50％を割る。以降平成8年10月には36.42％，平成12年6月には38.35％，平成15年11月には35.62％。全体的に回復を示した平成17年でさえ46.20％と5割を切っている。

　このように近年の投票率の低下，とくに20歳代〜30歳代の投票率の低下が目立つようになってきた。この原因としては，度重なる政治指導者のスキャンダルや，自民党の一党支配による選挙結果の固定化などが，政治に対する不信感や無力感を引き起こしていることもあるかもしれない。見方をかえれば，安定与党にとっては，投票率が低くても総選挙で勝てるのであれば，わざわざ投票率を高める必要もない。「投票率は低い方がいい」と発言し，マスコミや有権者の失笑を買った首相もいたほどである。このような立場からすれば，投票率を上昇させるために予算を割く必要性もないし，「寝た子を起こす」ような教育をわざわざ行う必要もないのは自明である。対照的に，野党勢力の興隆を願う立場からみれば，眠れる有権者を一人でも掘り起こし，政権交代を図りたいのである。[5]

　しかしながら，投票する立場に寄り添って考えれば，「投票をしたくない」のではなくて，投票行動を決める判断の技術が不足し，「投票できない」の

であるともいえる。(横江[2004])このような視点に立ったときにはじめて、判断力をもった有権者を育成し、多くの市民が真に政治参加しうるという「教育の機会均等」としての政治教育の意義を見出すことができるのである。

　また、近年は学ぶ気力も働く気もない若者が目立つようになり、NEETと呼ばれる社会現象になっている。若者のこのような社会的無関心・無力感を食い止めるためにも社会との関わりを学ぶ必要がある。そして、ますます若年化する犯罪、陰湿化するいじめ、公共の場所でのマナーの欠如など、若者の規範意識の低下も指摘されている。

3. 日本の教育において指摘されてきた課題

　蒲島[1988]によれば、「わが国における教育と投票参加の関係は、負の相関関係を示している」と指摘している。国際比較研究の結果から一般化すれば、学歴の高い市民の政治的関心は高く、教育と政治参加の相関を高めているが、参加のコスト感覚、政党支持強度、地域愛着度なども含めてトータルでみると、教育と参加の相関を弱めているという。(pp.112-113)

　この指摘によれば、わが国では教育水準が高まるにともなって、皮肉にも投票参加は弱まることになる。この指摘の真偽にかかわらず、わが国では受験競争の激化によって、学力が「受験学力」化し、じっくり考える力よりも、時間内に即答する条件反射力と暗記力に偏りがちであった。入試対策のために学校側が受講教科を減らしたり、受験教科にすりかえたり、生徒の卒業のハードルを低くし、生徒が受験勉強に専念できるようにしたりもしている。このような状況のなか卒業による学校の「出口管理」の機能は形骸化し、入試による「入口管理」にわが国の学力水準は左右されてきた。[6]

　したがって公民教育や社会科教育でも例にもれず、知識偏重の学習がなされてきた。教科書のキーワードを流れに沿って正確に暗記し、テストでそのまま再現さえできればよかった。「公民的資質を育む」という理想をよそに、わが国の教育は形骸化を進めていく…。テストには役立つけれど、生きるには役立たないと揶揄されながら時を重ねるわが国の教育。年金も支払わなけ

れば，子どもの給食費すら支払わない，「自分だけがよければそれでいい」というミー・イズムの蔓延だろうか。社会への参加の必要性を教育をとおしてすら学習することができない。「新しい公共」の時代が叫ばれ，住民と住民が，住民と行政が協働して社会をつくる必要性がますます高まっているにもかかわらず，教育は逆行すらしているように思われる。

　学ぶ意味を確認し，生きる力を高めるために導入された「総合的な学習」についても，受験に役に立たない，時間の無駄という声が聞かれ，一方，教師ですら何をやっていいかわからない状態にある。[7] 公教育の理念や意義をもう一度見直す時期にあるのではないか。

2　たとえば，神野直彦[2004],「新しい市民社会の形成－官から民への分権」神野直彦・澤井安勇編『ソーシャル・ガバナンス』，東洋経済新報社 p.4
3　拙著[2005b],「市民が政策をつくる時代」ほか，鈴木 崇弘 編，『シチズン・リテラシー——社会をよりよくするために私たちにできること』，教育出版　には，国政におけるNPO法やダイオキシン法などが市民による議員立法への働きかけにより成立したことが記述されている。また地方においては，「みたか市民プラン21会議」によるまちづくりの例が挙げられている。
4　明るい選挙推進協会ホームページによる。http://www.akaruisenkyo.or.jp/index.html
　・衆議院議員総選挙投票率の推移（中選挙区・小選挙区）
　　http://www.akaruisenkyo.or.jp/070various/sg.html
　・衆議院議員選挙年齢別投票率の推移
　　http://www.akaruisenkyo.or.jp/070various/sg_nenrei.html
5　このような考察からすれば，政治教育の立場は「与党政府の政策をよりよく解釈できること」「眠れる有権者を掘り起こすこと」の二つの観点のせめぎ合いともいえる。
6　少子化にともなう大学の全入時代の到来によって，その入り口管理も弱体化し，受験学力（＝見える学力）の水準維持すら怪しくなってきている。
7　朝日新聞社編[2007, p.174]「総合的学習の抜本的見直し」『朝日キーワード2007』，朝日新聞社によると，中学校の担任の6割近くが総合的な学習の時間を「なくしたほうがよい」と答えているという。

第2章　わが国における社会科の系譜と Citizenship の教育をめぐる新しい動き

　わが国では，これまで社会科の公民的分野や公民科によって，社会のシステムや民主主義社会における市民の役割などを学習する教育を提供してきた。その一方で，一部の学校や自治体で，「市民科」といわれる教科を新設する動きがある。両者の違いは何処にあり，「市民科」導入のねらいは何であろうか。

　本章では，まず第1節で，わが国における社会科の系譜を概観し，現行の学習指導要領の課題や改訂の動きについて整理する。そのうえで，第2節では，各地の「市民科」の試みについて，既存教科との違いや導入意図についてなどを考察していくことにする。

1．わが国における社会科の系譜

1.1 戦前の社会科的教科

　戦前のわが国の社会科的な教科としては，明治34年から実施されていた「法制及び経済」および，大正末期から昭和の初期にかけて実業補習学校と中等学校に設置された公民科があった。公民科は，それまでの「法制及び経済」を発展させ，従来の政治・経済的な内容に社会的な内容を加え，生徒に社会の理解と共同的な態度とを同時に育成しようとする構成となっていた。そして，この公民科は，修身，歴史，地理，実業などの教授と関連させて取り扱うことが目指され，総合的・広域的な性格を付与されてきた。（大森照夫他編[1993, p.6]『社会科教育指導用語辞典　第二版』，教育出版）

　また一方で，大正新教育または大正自由教育と呼ばれる児童中心主義の教育運動，子どもの社会認識を実生活に即応させながら育成しようとする郷土教育運動といった非官制的な諸運動が展開されていた。同時期には生活綴方

運動と呼ばれる，生活の現実をありのままに子どもに綴らせる指導法も広がっていくが，戦時教育体制の到来によって押しつぶされていくことになった。(同上，p.7)

1.2 社会科の成立

昭和22年に成立した教育基本法と学校教育法のもと，第二次世界大戦後の学校教育の理念，および小・中・高等学校の学校制度が確立した。昭和22年3月『学習指導要領一般編（試案）』によって，従来の修身，公民，地理，歴史は社会科にまとめられた。(同時に家庭科も成立)『社会科教育指導用語辞典』[8] によれば，「社会科は，戦後教育の一貫として，社会認識を育て，日本の民主化を担うよき市民の育成をめざす教科として，アメリカのSocial Studiesの強い影響のもとに，新しく設けられた広域総合教科であった」(p.7)とあり，アメリカのSocial Studiesが，わが国の「社会科」の名称決定に影響を与えたものと考えられる。

当時の学習指導要領（試案）は，法的拘束力をもたなかったこともあり，教員は模索しながらも，社会科の具体的な内容を子どもと地域の実態に即して創り出していった。生活主義・児童中心主義の教育観にもとづく指導が進められ，子どもが日常生活で直面する具体的な問題を取り上げ，その解決のためのプロセスによって社会についての知識・理解，能力の獲得を目指していた。

1.3 経験主義から系統主義へ

ところが，このような活動主義の教育が子どもの基礎学力を低下させているとの指摘があり，科学的な思考や概念の獲得を重視する，科学的系統性に基づく教育論が台頭してきた。

一方で，文部省と日本教職員組合とが激しく対立し，教育問題が政治問題化して争われるようになる。1954年5月には，「教育公務員特例法の一部改正」「義務教育学校における教育の政治的中立の確保に関する法律」が成立した。このような背景のなか，1955（昭和30）年に社会科のみ学習指導要領の改

訂が行われた。(大森正・石渡延男編 [2001, p.36])

1958年には学習指導要領の全面改訂が行われ、官報告示のかたちで発表された。これまでの学習指導要領が参考資料とされていたのに対して、法的拘束力のあるものとなった。(大森・石渡 [2001, p.36]) 大きな改訂としては、小中学校で「道徳の時間」が特設されたこと、中学校社会科において、第1学年で地理的分野、第2学年で歴史的分野、第3学年で政治・経済・社会的分野という分野別学習が確立したこと、高等学校においては科目の分化が進められたことなどがあげられる。(表4を参照) 小学校でも、総合社会科の形態は残しつつも、4学年から系統的な地理、6学年では歴史の学習が導入されることとなった。これらの改訂により初期社会科の経験主義・総合主義から、系統主義・分野別の分化社会科への転換が図られた。(同上, p.p.36-37)

1.4 系統主義からゆとり教育への転換

1964年の東京オリンピックの開催に象徴されるように、日本経済が高度成長期に入ると、科学技術の革新、産業構造の変化に見合う質の高い労働力を求める要求が経済界を中心になされるようになる。これらを教育の効率化、能力主義、中等教育の多様化などの形で教育政策に反映させたのがこの頃である。1968～70年の学習指導要領改訂では、社会科の教科目標に「公民的資質の基礎を養う」との規定がなされ、中学校の「政治・経済・社会的分野」が「公民的分野」と改称されることとなった。教科構造も1・2学年の「地歴並行学習」を基礎にして3学年で公民的分野の学習を行うように改められた。(大森・石渡 [2001, p.p.38-39])

高度成長期を経て、高校・大学への進学率が急速に高まり、1974年には高等学校への進学率が90％となり高校全入時代を迎えて、中等教育の改善が求められるようになった。1968年の学習指導要領は、世界的な「教育の現代化」の流れにも押されて、実質的な教育内容の高度化をもたらした。経済界の要請による高校の多様化や人的能力開発主義は、「詰め込み教育」「知育偏重」「新幹線教育」などと呼ばれた受験一辺倒の教育を生み出し、「落ち

こぼれ」という新しい教育用語が登場した。学校嫌いや非行の増加なども深刻な社会問題となってきた。(大森・石渡 [2001, p.39])

このような課題を背景に，年間授業時数の削減，教育内容の削減等の方針で1977・78年に学習指導要領が改訂された。社会科でも，小学校4・5・6学年のそれぞれ1週4単位時間を各3単位時間に減少されることとなった。中学校では，公民的分野の授業時間を週5単位時間から3単位時間に削減した。各教科の時間削減によって生じた時間を使って学校裁量の「ゆとりの時間」が新設され，「ゆとり教育」という言葉が登場するようになった。また，小・中・高一貫した社会科の改善という観点から，高等学校では「現代社会」が必修科目として新設されることとなった。(大森・石渡 [2001, p.41])

1.5「新しい学力観」の登場

1989年の学習指導要領の改訂は，「新しい学力観」の育成の方針のもとに行われた。「新しい学力観」とは，従来の知識詰め込みに偏り過ぎた学習指導を改め，自ら学ぶ意欲の育成や，思考力・判断力・表現力などの能力の育成を重視したものである。

小学校低学年では，社会科，理科を廃止し，生活科を新設し，具体的な体験を重視した学習活動を展開できるようにした。中学校では「選択社会」が置かれ，3学年の公民的分野の授業時間がこれまでの年間105時間から，70～105時間へと弾力的な扱いとなった。高等学校では，社会科を廃止し，「地理歴史」「公民」が新設された。(大森・石渡 [2001, p.41])

1.6「総合的な学習の時間」の登場

2002年より実施される完全学校週5日制のもと，ゆとりのある教育活動を行い，児童・生徒に「生きる力」を育成することをねらいとして1998年の学習指導要領の改訂が行われた。週当たり2単位時間（年間70単位時間）の授業時数の削減が行われ，ゆとりある教育活動の展開のためおおむね3割程度の教育内容が削減されることとなった。加えて，「総合的な学習の時間」

が新設され，各学校が創意工夫により，国際理解，環境，福祉，情報など横断的・総合的な学習を実施できるようにした。中学校における選択教科に充てる授業時間数が拡大され，社会科では第1学年から「選択社会」が履修可能になった。高等学校における必修科目の最低合計単位数が縮減され，社会科では「現代社会」の標準単位数が4から2へと削減された。[9]

　この改訂の背景として，国立教育政策研究所 [2001] は「豊かな人間性をはぐくむべき時期の教育に，受験競争の過熱化，いじめや不登校の問題，学校外での社会体験の不足などの様々な問題が生じてきた。これらの課題に適切に対応していくことが，教育に求められてきた。また，21世紀に向けて，わが国の社会は，国際化，情報化，科学技術の発展，環境問題への関心の高まり，高齢化・少子化等の様々な面で大きく変化していくことが見込まれ，これらの変化を踏まえた新しい時代の教育のあり方が問われてきた」(p.111) と述べている。つまり，受験競争や詰め込み型の教育が，子どもをとりまく多くの問題を生み出していること，これまでの受身型の学習ではなく，主体的に問題を解決したり考えたりする力が今後必要であることを指摘している。

　教育内容の縮減についても，完全学校週5日制の実施が前提となっているという見方もあるが，それ以上に，考える力や「生きる力」[10] の育成への転換のためにも，その活用の基になる基礎・基本を厳選する必要があったといえる。この点について，学習指導要領の＜改善の基本的視点＞では，「多くの知識を教え込む教育を転換し，子どもたちが自ら学び自ら考える力の育成」「ゆとりのある教育を展開し，基礎・基本の確実な定着と個性を生かす教育の充実」などをあげている。しかしながら，文部科学省の思いに反して，このような「ゆとり教育」が学力低下を招くとの批判が相次ぎ「学力低下論争」[11] が繰り広げられるようになった。

表4 戦後の社会科の編成（網掛け部は社会科以外の教科）

告示・施行年	小学校	中学校	高等学校
1947（昭和22）年	・一般社会	・一般社会 ・国史	・一般社会　必修 ・時事問題，人文地理，西洋史，東洋史から1科目選択
1951・52 （昭和26・27）年	・一般社会	・一般社会 ・日本史	・一般社会　必修 ・時事問題，人文地理，西洋史，東洋史から1科目選択
1955・56 （昭和30・31）年	・社会科	・社会科 地理的分野（1年） 歴史的分野（2年） 政治・経済・社会的分野（3年）	・社会　必修 ・人文地理，世界史，日本史より2科目選択
1958・60 （昭和33・35）年告示 昭和36・37・38年施行	・社会科 ・道徳	・社会科 地理的分野（1年） 歴史的分野（2年） 政治・経済・社会的分野（3年） ・道徳	・地理A，地理Bから1科目選択 ・世界史A，世界史Bから1科目選択 ・日本史　必修 ・政治経済　必修 ・倫理・社会　必修
1968・69・70 （昭和43・44・45）年告示 昭和46・47・48年施行	・社会科 ・道徳	・社会科 地理的分野（1・2年） 歴史的分野（1・2年） 公民的分野（3年） ・道徳	・「地理Aまたは地理B」，「世界史」，「日本史」から2科目選択 ・政治経済　必修 ・倫理・社会　必修
1977・78 （昭和52・53）年告示 昭和55・56・57年施行	・社会科 ・道徳	・社会科 地理的分野（1・2年） 歴史的分野（1・2年） 公民的分野（3年） ・道徳	・現代社会　必修 ・地理，世界史，日本史，政治経済，倫理から選択
1989 （平成元）年告示 平成4・5・6年施行	・生活科 （1・2年） ・社会科 （4〜6年） ・道徳	・社会科 地理的分野（1・2年） 歴史的分野（1・2年） 公民的分野（3年） 選択社会（3年） ・道徳	・地理歴史科 世界史A，世界史Bより1科目選択 日本史A，日本史B，地理A，地理Bより1科目選択 ・公民科 「現代社会」又は「倫理」・「政治・経済」を選択

告示・施行年	小学校	中学校	高等学校
1998・99 (平成10・11)年 告示 平成14・15年施行	・社会 ・道徳 ・総合的な学習の時間	・社会 　地理的分野(1・2年) 　歴史的分野(1・2年) 　公民的分野(3年) ・道徳 ・総合的な学習の時間	・地理歴史科 　世界史A, 世界史Bより 　1科目選択 　日本史A, 日本史B, 地理A, 　地理Bより1科目選択 ・公民科 　「現代社会」又は「倫理」・ 　「政治・経済」を選択 ・総合的な学習の時間

下記資料をもとに,筆者作成
・森秀夫 [1992, p.p 13-15],『公民科教育法』,学芸図書
・大阪府教育センター [2002],『学習指導要領の変遷－「生活」「社会」「地理歴史」「公民」』

1.7 学習指導要領改訂をめぐる議論

　表5は,中央教育審議会の専門部会および教育課程部会における社会科(公民的分野)の改善についての意見・検討課題をまとめたものである。

　学習方法や指導方法については,暗記中心のテストの改善,「民主主義」「自由」「平等」といった哲学的・倫理的な内容についてその意味を問わせるべきなどの意見が寄せられている。その一方で,都道府県名や県庁所在地,世界の国名などの身につけるべき基本的事項をはっきり示し,繰り返し学習することが重要であるとしている。暗記中心の学習からの脱却は,生きる力や考える力への要請であり,基礎・基本事項の確実な習得については学力低下論への対応とも考えられ,二極化している学力論争(「見える学力」と「みえない学力」)への日和見的決着とも感じさせる。2006年2月13日の「審議経過報告」[12]では,これらを整理し,「知識・技能の習得」「活用・探求型の思考・活動」の二つに分けている。そして,この両者の関係を明確にし,相乗的に育成すべきであるとの見解を示している。

　社会科に関連する教科内容では,社会規範や法教育,時事的問題・今日的課題についての理解,福祉や防災,勤労観・職業観・経済観を身につけることなどがあげられており,対応が求められている。加えて,自国の歴史や文

化の指導を強化すべきとの意見や，国際化の流れのなかでしっかりとした宗教観を育てるべきとの意見もある。そして，市民として，社会に積極的に参加し，課題を解決できる力を身につけること，地域社会形成の担い手として意識化させることなども意見としてあげられている。前述の2006年2月13日の「審議経過報告」では，これらを「国家・社会の形成者としての資質の育成」を教育内容の改善の観点としてとりまとめている。このなかには，「文化や伝統の継承」「国際社会での役割」など保守的色彩を感じさせるものもある一方，「民主主義や法，自他の権利と義務，公正さといった基本的な概念について体験的に理解すること」や「奉仕体験，長期宿泊体験，自然体験，文化芸術体験，職場体験，就業体験」といった活動的・体験的な学習についても言及されているところが特色である。

　これらの議論をみると，次期学習指導要領には社会参加やシティズンシップの育成について，何らかの形で反映されることが予想されるが，社会規範や道徳，自国の歴史や文化の指導なども含められ，保守色の強いものになる可能性もある。（新学習指導要領（中学校）は，平成20年に告示され，平成24年に実施された。）

表5 中央教育審議会 専門部会および教育課程部会における，社会科（公民的分野）に関する主な意見等

論点	キーワード	主な意見・課題
学習方法，指導方法について	暗記中心主義の改善	・暗記中心のテストが問題であり，レポートで論述をさせ，評価を行うことにしてはどうか。 ・公民分野は民主主義，自由や平等などの用語を暗記するだけではなく，自由とは何か，平等とは何かということを考える指導が必要。 ・民主主義，自由や平等など哲学的，倫理的な内容について，言葉だけでなくそれが何かを問わせることが重要。 ・子どもたちのベースとなる体験や感覚が非常に異なってきており，小学校高学年での地理的内容，歴史的内容の指導が難しくなっている。総合的な学習の時間との関連を通した体験が重要であり，例えば，社会科の教科書の発展的項目に，総合的な学習の時間における活動例を入れるなどの工夫が必要。
	基礎的・基本的な事項の定着	・教育課程実施状況調査において，基礎的・基本的な事項や概念を問う問題の通過率は前回との比較で上昇。 ・また，世界史，日本史における近現代史，政治・経済等で基本的事項や概念の理解が一部不十分。自然現象や社会環境に関わる基礎的な地理的事象について，意味内容の理解が不十分。自己の生き方と関連づけられた知識・理解が不十分。 ・学習内容としてしっかりと身につけるべきもの（基本的知識）は，方針として，はっきり示すべき（都道府県名，県庁所在地，世界の国名など）。基本的事項は，繰り返し学習が重要。 ・学習の手がかりとなる基本的な概念については，中味を明確にし，生徒に実感させる必要がある（人格の尊重，コストなど）。 ・現代的諸課題として，新しい事象をすべて記述することはできないので，現場の指導力の向上の問題と密接に関連する。
	実生活との関連付け	・学習内容の現状が，アカデミックな観点が中心で，市民生活面からのニーズに十分合致していない。
	適切な事例の提供	・学習指導要領は内容中心で教える際の要領が不十分。外部人材の活用方法，地域学習の生かし方など，良い事例は提供できる。 ・学習や体験学習の後のフォローが不十分。考えさせる授業の例の周知が重要。学ぶ意欲が育っている授業について研究する必要。
教科の対応	系統性，他教科との関連	・小・中・高校を見通して，何をいつ学ぶのかを整理する必要。 ・社会科の課題は，生活科，総合的な学習の時間などとの関連を明確にしていくことである。例えば，生活科との関係で，具体的な地域とのかかわりについて生活科をどのように発展させていくかが重要。 ・小学校の社会科は5年生で地理，6年生で歴史と政治経済が中心となっており，中学校1年生で学ぶ地理や3年生で学ぶ政治経済など接続に断層があるのではないか。 ・市民生活に必要な力を明確にした上で，それを前提として学年や教科に内容を配当するという方法も考えるべき。

論点	キーワード	主な意見・課題
教科の内容 現在の我が国の社会の諸課題（少子高齢化・産業・就業構造の変貌、環境問題等）への対応・市民生活との関連等	社会規範や法教育への対応	・現在，法律を学ばないまま社会に出ているので，法教育は必要。具体的にどのような法律を教えるのか検討すべき。知識だけの暗記にならないようにする必要がある。 ・学校における問題行動や犯罪の低年齢化などの問題を考えると，小学校3，4年生から，社会の成り立ち，個人が社会において果たす役割やルールなど，社会的な規範性を身につけさせるようにすべき。
	時事的問題，今日的課題への対応	・今日のニュースが歴史になることを教えるため，新聞をもっと授業に取り入れてはどうか。 ・国際化，IT化，知的財産権，環境の問題，企業の社会的責任などが日本の社会全体として遅れている。世界的な事象がある程度理解できる素養を身につけることが必要。
	福祉・安全	・社会福祉や防災の観点も社会科には必要。
	歴史や文化の尊重	・戦後，日本の歴史や文化についての指導が不十分であったのではないか。充実する必要。 ・国際社会で対等に伍していくためには，自分の国を愛し，自分の国の歴史あるいは文化を自分の言葉で語れなければならない。現場で近・現代史が十分指導されているか，しっかりと議論することが必要。
	多様性や国際化への対応	・日本のこれまでの教育には宗教についての理解が欠けている。 ・国際化の中で，しっかりとした宗教観を育てることが必要。
	社会参加と問題解決	・社会に積極的に参加し課題を解決していくことができる力を身につける必要。 ・事実と知識を学んで，それを発表するだけでは不十分。社会の一員として，どう主体的に対応していくかが重要。 ・答えが一つではないことを教え，社会に出たときに様々な選択肢に対応できる力を育てることが必要。 ・地域社会形成の担い手として意識化させる。 ・社会の構成員としての責任と義務，政治そのものの重要性をよく理解させることが重要。
	経済活動，就労・職業	・なるべく早い段階から，子どもにとって身近なお金を通して，社会の仕組みを理解させ，勤労観・職業観を身につけさせることが重要。
思考力・表現力の育成	・社会的事象相互の関連，特色や意味を考える。多面的・多角的な考察力，判断力，資料活用力，表現力等	・教育課程実施状況調査において，全体の流れの中で把握したり，総合的に考える力が不十分。また，地図や統計など資料を活用して，自分の考えを表現する力が不十分。 ・小学校から総合的な学習の時間を経験しているので，自分で調べ，まとめ，発表する力はついてきている。 ・事実と知識を学んで，それを発表するだけでは不十分。社会の一員として，どう主体的に対応していくかが重要。

論点	キーワード	主な意見・課題
思考力・表現力の育成	・社会的事象相互の関連，特色や意味を考える。多面的・多角的な考察力，判断力，資料活用力，表現力等	・答えが一つではないことを教え，社会に出たときに様々な選択肢に対応できる力を育てることが必要。 ・問題意識が十分育ってない。地・歴・公民の総合力が不十分。 ・英国のカリキュラムでは，内容知，方法知が明示され，それを踏まえて教材も配列されている。 ・他者と共存するため対話する力，コミュニケーション能力が重要。 ・学んだり考えたりすることは，大人と接する中で身につくもの。実社会で仕事をしている人の活用が有意義。
総論的意見		・今後重視するねらいとしては，自然と生命に対する畏敬の念や人間と人権の尊重，我が国の伝統文化・精神の発展的継承と生活・文化の創出，広い視野に立った法の尊重と運用，平和で安全な民主国家・社会の建設が重要ではないか。 ・育てたい力は，社会の形成者としての資質であり，合理的に判断する力，公正に判断する力を育てる必要がある。様々な歴史を経てようやく手に入れた民主主義体制が貴重なものであることに気づかせるとともに，民主主義社会，市場経済社会を支える「法」がどういうものか教える必要がある。 ・国際社会に生きる日本人としての自覚，日本人としてのアイデンティティを育てる必要がある。

出典：下記資料をもとに筆者作成
・文部科学省「現行の学習指導要領の成果と課題，見直しに関する意見について」教育課程部会 社会・地理歴史・公民専門部会（第6回）議事録・配付資料　平成17年10月4日
・文部科学省「専門部会及び教育課程部会における各教科等の改善に関する議論の方向性（案）」教育課程部会 社会・地理歴史・公民専門部会（第7回）議事録・配付資料 平成18年8月2日

2．わが国におけるCitizenshipの教育をめぐる新しい動き

　品川区では，平成18年度より小中一貫特区の目玉教科として「市民科」を導入しており，横浜市でも平成21年度より「市民・創造科（仮称）」を導入することになっている。学校単独の試みとしては，立教池袋，御茶ノ水女子大附属などの私立・国立校がある。
　一概に「市民」という用語を用いれば英国の教科Citizenshipに対応するわけではないが，わが国でこれまで行われてきた社会科や公民科とは区別して実践しているであろうことは推測できる。本節では試験的ともいえる各地

の「市民科」の試みについて分類・整理を行う。

また,その他の私立学校や公立学校で行われている公民科や社会科の公民的分野,および総合的な学習でも,学校によっては新しい試みもつねに行われており,社会科教育の学会や教員の研究会などでも報告がなされている。

2.1 教育実施主体と学習形態による分類

経済産業省 [2006a] は教育実施主体と学習形態による学習プログラムの分類を行い,図1のように整理している。教育の主体を横軸に取り,公的な正規の学校教育を「フォーマル・エデュケーション」,家庭・地域・NPOなどの学校以外で行われる教育を「ノンフォーマル・エデュケーション」と名づけ,区別している。その中間には,学校と社会の連携を位置づけている。

図1の縦軸には定型的教育と非定型的教育とに分け,後者を「インフォーマル・エデュケーション」と呼んでいる。これらは,知識習得型学習,シミュレーション型学習,体験型学習,プロジェクト型学習に細分化され,もっとも定型的であるのが知識習得型学習とし,多くの既存の教科がここにあてはまると指摘している。シミュレーション型学習,体験型学習,プロジェクト型学習の順に非定型的教育へ近づき,総合的な学習はここにあてはまる。生徒会や子ども会など,日常生活の諸活動を通じて学習する形態として実践・参加型を別枠に置いている。これは非定型的教育との区別は明確なものではなく,定型的教育や非定型的教育のなかでも非意図的に起こりうるとしている。

図1 教育実施主体と学習形態による分類

<在学者を対象としたプログラム分類>

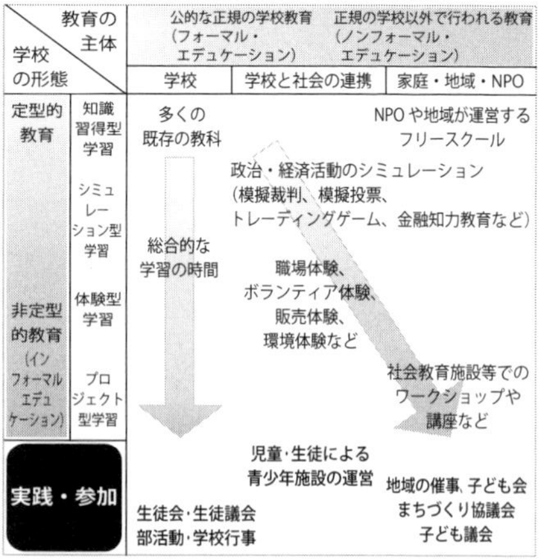

教育の形態	教育の主体	公的な正規の学校教育 (フォーマル・エデュケーション)		正規の学校以外で行われる教育 (ノンフォーマル・エデュケーション)
		学校	学校と社会の連携	家庭・地域・NPO
定型的教育	知識習得型学習	多くの既存の教科		NPOや地域が運営するフリースクール
	シミュレーション型学習		政治・経済活動のシミュレーション(模擬裁判,模擬投票,トレーディングゲーム,金融知力教育など)	
	体験型学習	総合的な学習の時間	職場体験,ボランティア体験,販売体験,環境体験など	
非定型的教育(インフォーマル・エデュケーション)	プロジェクト型学習			社会教育施設等でのワークショップや講座など
実践・参加		生徒会・生徒会部活動・学校行事	児童・生徒による青少年施設の運営	地域の催事,子ども会まちづくり協議会子ども議会

出典:経済産業省(三菱総合研究所 委託) [2006a],『シティズンシップ教育と経済社会での人々の活躍についての研究会 報告書』,経済産業省,p.41

2.2 教育実施主体・連携形態による分類

2.2.1 自治体主導型　品川区「市民科」と横浜市「市民・創造科」

(a)　品川区の「市民科」

　品川区では平成12年度より教育改革「プラン21」を開始し,「学校選択制」「個別学習」「習熟度別学習」「小学校の教科担任制」「中学校の公開授業」「小中連携教育」「小学校での英語学習」など特色ある教育に取り組んでいる。この流れのなかで,平成14年度に文部科学省の小中連携カリキュラム研究開発校の指定を受け独自のカリキュラムの開発に取り組んでいた。翌15年に構造改革特区の小中一貫特区として認定され,平成18年度より全小中学校で小中一貫教育を進めることになった。この小中一貫教育を推し進めるため,国が示した学習指導要領を基にして地方版の学習指導要領を作成した。これが『品川区小中一貫教育要領』である。[13]

　本教育要領では,小学校での英語科とともに,小中学校での市民科の導入が大きな目玉となっている。市民科の導入背景として,品川区教育委員会[2005] は,「将来の夢や理想がもてない」「規範意識や道徳性,社会的マナー,『公』への関心やモラルの不足」を挙げている。これらの原因については,「大人（教師）が人生の先輩としての誇りを失い,児童・生徒の人格形成に正面から向き合っていない」「人間らしい生き方の自覚をさせ,自分自身の生きる筋道を発見するための教養を身に付けさせていない」と指摘している。さらに「自己中心的な『我』ではなく,社会との関係において「我」をとらえさせるとともに,自分の信念,価値観をもって,常に自身の人生の意味付けを考えながら生きる人間を育てていきたい」と結んでいる。(p.21)

　このようなことから品川区は,「『市民』を広く社会の形成者という意味でとらえ,社会の構成員としての役割を遂行できる資質・能力とともに,確固たる自分をもち,自らを社会的に有為な存在として意識しながら生きていける『市民性』を育てる学習」として,「市民科」を設置したとしている。(p.21)

　これまでの学校教育のなかにも市民性を学ぶ場がなかったわけではない

が，従来の道徳や特別活動の実態では品川区の考える「市民性」の育成には不十分であると指摘している。たとえば，道徳では，教師の指導意欲が低く「マンネリ化」。特別活動では児童・生徒の生徒会離れを起こしている。これらを改善したうえで，総合的な学習でみられるような環境・福祉・国際理解などの学習をすることによって，よき市民の資質や能力が育むことができるという。（品川区教育委員会[2005, p.22]）

そこで，品川区における市民科では，道徳＋特別活動＋総合的な学習を再編し，第1学年から第4学年は年間70単位時間，第5学年～第7学年は年間105単位時間，第8学年・第9学年は年間105～140単位時間を設定している。（これまでの6・3制から4・3・2年制に変更）小・中ともに，「社会科」については従来のカリキュラムを前倒しにしたり，一部の書き換えを行っているが市民科とは別に設置されている。このことから，市民科は，正規の学校教育の枠内にありつつも，非定型的教育（インフォーマル・エデュケーション）として日常・社会生活に関連させた体験学習や問題解決型の学習を行い，社会科のなかで知識習得型の学習を行っているものと考えられる。[14]

(b) 横浜市の「市民・創造科」

平成18年3月に，安西祐一郎慶応義塾長を座長とする横浜教育改革会議は「横浜教育改革会議 最終答申 活力と個性あふれる「教育のまち・横浜」をつくる ～育て！未来を担う横浜『市民』～」を公表した。本答申のなかで横浜の教育が目指すビジョンとして「市民力と創造力を兼ね備えた，未来を担う『市民』を育てる」ことをうたっている。市民力とは，「社会の一員としての確固とした責任感や規範意識を持ち，自立しながら，社会をより良くしていこうという公共心を持って，他の人々と協働・共生できる力」，創造力とは「進取の精神と多様性を認める柔軟さを持ち，時代の変化に対応しながら，自らの生き方を自ら切り拓き，人生を創り上げていくことができる力」であると説明している。（横浜教育改革会議[2006]）

このように「市民を育む」ことを教育改革の全面に掲げており，品川区よ

り一歩踏み込んだ試みともいえよう。ただし,「市民力」,「創造力」については審議会の議事録を読む限りは委員から自然に出てきたものとは思えず,横浜市の政策全体の基本構想における「市民力」「創造力」と連動させているように思われる。[15]

本答申をうけて横浜市は平成18年10月「横浜教育ビジョン」を策定した。あわせて「横浜版学習指導要領・総則」を平成18年度中に策定する予定になっている。[16] これらの理念に基づいて「総合的な学習の時間」を再構築し,「市民・創造科(仮称)」の創設,平成21年4月からの実施を予定している。

前述の「横浜市教育改革 最終答申」によれば,「子どもが自分の『思い』や『考え』を持ち,夢や目標の実現に向かって自ら考え行動し,これからの成熟社会を生き抜く責任感ある『市民』として成長していくためには,自ら学習課題についてのビジョンを描き,考え,行動し,解決する問題解決的な学習が有効」としている。そのためには,「環境,キャリア,食,安全,国際・多文化などの横浜らしい重点学習内容を横断的・関連的に取り組むクロスカリキュラムの具現化」が必要であり,「総合的な学習の時間」を核にしながら各教科・道徳・特別活動との関連を重視した取り組みとして「市民・創造科」の創設が必要であるとしている。

このように横浜市の「市民・創造科」は,市政の基本方針の理念と,教育ビジョンの理念を引き継いだ教科であり,品川区以上に重視されているといってよいだろう。従来であれば,あれもこれもとバラバラに取り組みがちな総合的な学習に,理念軸をしっかりと定めていることは評価に値する。今後の動きに注目したいところである。

2.2.2 学校主導型　お茶の水女子大学附属小学校「市民」

学校主導の取り組みの例として,お茶の水女子大附属小学校の教科「市民」がある。本校では社会科の読み替えで行っているのが特徴である。

①「教科」の枠から「学習分野」と「カリキュラムユニット」へ

　お茶の水女子大学附属小学校の特徴として，従来の「教科」の枠を取り払い「学習分野」と名づけ，子どもに合わせて柔軟に学習を組み立てられるようにしている。この学習分野には，「ことば」「からだ」「生活文化」「市民」「創作活動」「アート」「自然」「算数」「音楽」などがある。従来の社会科は，「市民」という名の学習分野になっている。

　一方で，これとは別に今日的課題ごとに部会を設けている。ここには，「教育課程運営」「授業改善」「低学年教育」「創造活動」「シティズンシップの教育」「表現研究」「ホームページ」の7つの課題別部会があり，「シティズンシップの教育」の研究は大きな柱となっている。

　現在，本校では，幼・小・中学校の連携のもと，「ともに学び創造する」という研究主題で研究開発を行っている。そのなかで，子どもたちの活動を「参加する」「協働する」「創造する」という3つの様相で捉え，「公共的な問題－関わりを創るシティズンシップ」という教育課題を見出し，「シティズンシップの教育部会」を立ち上げることとなった。(お茶の水女子大附属小学校 [2005]) [17]

　本校の「シティズンシップの教育部会」では，シティズンシップの教育を，新教科の設立や，総合・特活・道徳の内容の再編成ではなく，すべての教科・領域が互いに越境しあって育てていく民主的な関係づくりであり，シティズンシップはある限られた教科・領域で注入的に育てられるものではないとしている。(お茶の水女子大附属小学校 [2005, p.103]) そこから朝の会の自治活動や，各教科の学習分野から「シティズンシップの教育」のカリキュラムユニットを作成し，学習分野越境型の指導案を開発し，研究授業を行っている。

　つまり，学習分野「市民」は，従来の教科「社会科」から派生したものであるが，これは「シティズンシップの教育」というカリキュラムユニットを構成する学習分野のひとつにもなっている。ただし，お茶の水女子大学附属小学校 児童教育研究会 [2004] には，『「提案や意思決定の学びを通して市民的資質を育む教科」として「市民」を発足させた』とあり，教科の色彩を色

②学習分野「市民」

　本校は，学習分野「市民」の設定理由として以下のものをあげている。（お茶の水女子大学附属小学校 児童教育研究会 [2004, pp.2-4]）
・青少年は，社会的な事柄に関心をもち，政治に対する批判力もあるが，自分の考えを発表・提案して行動する段階になると，黙ってしまい行動しなくなる。自分が納得できないような事態に対しても「反対だが黙っている」や「誰かが抗議すれば同調する」のように周囲の状況を見ていることが多い。大人にも顕著な態度である。
・多様な価値と様々な選択肢に対して，批判するだけでなく，自ら考え，提案し，行動する民主主義社会の主権者が必要である。
・指導者がお膳立てした文字・知識・モラルを学習者がため込む「銀行型教育」では，「管理しやすい存在」を生むだけである。

　このように，これまでの学校教育によくみられる学習形態としての受身の学習様式が，受身の学習態度を生み出し，さらに社会に対する受身の態度を生んでしまうと指摘している。たとえ頭のなかで「違う」と思っていても，なかなかそれを表に出すことができない。「和を尊ぶ日本人」とよくいわれるように，周囲に同調し自己主張できないのではないか。そして主権者として，その思いをどのように行動に起こせばよいかについても学習してきていないともいえるだろう。

　そして，同校では，従来の社会科は，「社会認識を通して公民的資質を育成する教科」であるといわれるが，社会認識が育てば公民的資質が育つわけではない，小学校の頃から提案や意思決定活動をして公民としての価値判断を高める努力が必要であるとして，「市民」を発足させたとしている。（お茶の水女子大学附属小学校 児童教育研究会 [2004, p.2]）つまり，社会認識中心の社会科学習から，社会の問題に対してその解決策の提案をしたり，意思決定をする学習への転換を目指しているのである。

表6 「市民」と「社会科」の授業時数比較

	お茶の水「市民」	「社会科」
１単位時間	40分	45分
小学3年	105（93）	70
小学4年	105（93）	85
小学5年	105（93）	90
小学6年	105（93）	100

筆者作成 （ ）内は45分換算の時数

2.2.3 教員・学校主導型　NPOと公立学校の連携　埼玉県桶川市立加納中学校

　桶川市加納中学校は,教育系NPO「シティズンシップ教育推進ネット」と,政策研究・市民活動団体「埼玉ローカル・マニフェスト推進ネットワーク」および埼玉大学教育学部と連携し,「埼玉ローカル・マニフェスト／シティズンシップ教育研究会」を結成した。本研究会は,ローカル・マニフェストを用いて,学校教育のなかで生徒のシティズンシップを育成したいと考え,その研究と推進のために結成されたものである。[18]　各団体の持ち味をうまく組み合わせることによって,「シティズンシップ教育」,「公民教育」,「ローカル・マニフェスト」の3つの視点から,教材,指導計画等の検討を重ねてきた。[19]（図2）（大友秀明・桐谷正信・西尾真治・宮澤好春[2007]）

図2　埼玉ローカル・マニフェスト／シティズンシップ教育研究会の連携の仕組み

シティズンシップ教育
シティズンシップ教育推進ネット

ローカル・マニフェスト
埼玉ローカル・マニフェスト
推進ネットワーク

公民教育
埼玉大学教育学部
桶川市立加納中学校

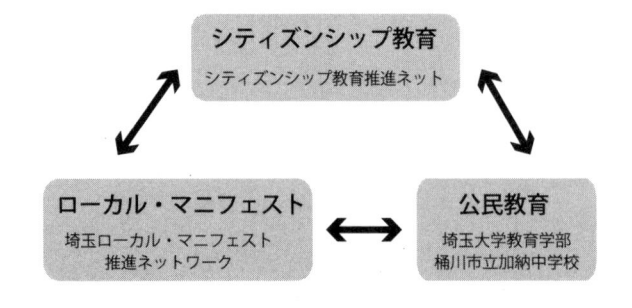

図3のように，本研究会では，ローカル・マニフェストのサイクルを支える市民性（シティズンシップ）を育成し，市民の政策形成力を高めたいと考えた。まちづくりの Plan-Do-See のサイクルから，子どもたちはより具体的な地方自治を学習できるし，それを学んだ子どもたちが有権者となりマニフェスト・サイクルの循環をよりよいものにできるだろう。

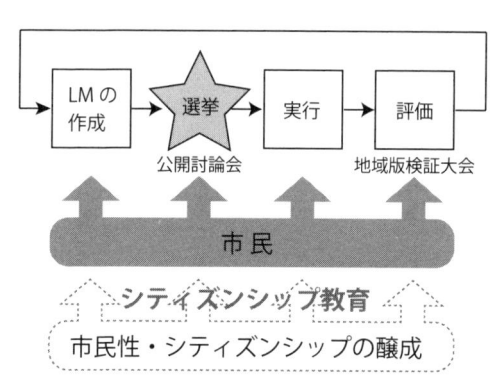

図3　マニフェスト・サイクルと「市民性醸成」の連関図

マニフェスト・サイクルを有効に回すための「市民性」の醸成

授業の実践については，埼玉県桶川市立加納中学校の宮澤好春教諭が行っている。宮澤教諭がもともとアメリカのサービス・ラーニングを研究し，これまでも同様の授業を行っていた経緯もあり，本研究を引き受けることとなった。このような経緯から本稿では教員主導かつ学校主導の取り組みとして分類している。

本実践は，中学3年の選択教科の枠内で週に1回ほどのペースで行われた。（表7）授業には，担当教師だけでなく，桶川市の都市計画課の職員や，ローカル・マニフェストに詳しいシンクタンクの研究員など，さまざまな人々がゲスト・ティーチャーとして講演を行った。

表7　桶川市立加納中学校の授業実践

日時	取り組み	内容
4月28日	桶川のまちの検討	・桶川のいいところと課題の共有
5月12日	桶川の市政調べ	・市長方針演説（広報誌版）の検討 ・桶川市の財政の学習
5月24日	まち探検	・実地調査による情報の収集 ・悪天候時の商店街の様子
5月26日	まち探検のまとめ（1）	・生徒どうしの発見・意識の共有 ・今後の視点の共有
6月2日	まち探検のまとめ（2）	・地域課題・地域資産の洗い出しと分類
6月9日	まち探検のまとめ（3）	・地域課題・地域資産を分類し，解決の優先順位をつける。
6月16日	市職員による講演・授業	・桶川市のまちづくりの取り組みについて ・桶川市の商店街対策
6月30日	ローカル・マニフェストについての講義	・対象を考え，具体的に提案をすること （マニフェスト的提案法）の学習
7月7日	まちづくり案の検討	・これまでの情報の共有 ・まちづくりの方針，アイデアの作成・共有
9月15日	各班のまちづくり案を発表	・まちづくり案を発表しあい，相互評価をする。
9月22日	まちづくり案のプレゼンテーション	・まちづくり案を商工会関係者，地域住民へ発表し，意見交換を行う。
9月29日	埼玉LM関係者・大学生によるワークショップ「マニフェスト型提案にむけて」	・大学生ファシリテーターによるワークショップ
10月20日	マニフェスト型まちづくり提案のまとめと発表資料づくり	・マニフェスト型提案のまとめ，プレゼン資料づくり
10月27日	商店街改善案のプレゼンテーション	・マニフェスト型まちづくり案を市職員や商工会関係者に発表

　授業の流れとしては，「情報収集」→「政策立案」→「政策提言」の流れになっており，実際にまちを歩いてヒアリングを行って情報収集し，政策立案の段階でも地域の人々との意見交換を行っている。そのうえで，ローカル・マニフェストを作成，冊子にまとめ，10月27日に市の職員に対して提言を行った。作成した資料は桶川市商工会や観光協会に掲示を行い，一般市民からも感想・意見を募った。

本事例は，地方自治に限られた学習ではあるが，社会調査や政策立案などを通して，コミュニケーションやディベート，プレゼンテーションなどさまざまな「スキル」を学び，地域に対する愛着といった「意識」を醸成することができる。選択教科での実践ということもあり，今後は公民科・社会科との関係や，身につけるべき能力をどのように各学年に振り分けるかなどが，検討課題になっている。

2.2.4 学校教育外の事例（ノンフォーマル・エデュケーション）

現在のNPOのなかで，シティズンシップの育成をうたった団体はそれほど多くないが，代表的なものとしては，「NPO法人Rights」（東京都中央区）や，「シティズンシップ教育推進ネット」（東京都町田市）があげられる。Rightsは，模擬選挙を各学校に普及させる活動を行っている。シティズンシップ教育推進ネットは，「子どもたち・大人たちが，参加型民主主義を理解・実践するために必要な知識・スキル・価値観を身につけ，行動的な市民となること」をビジョンに，シティズンシップ教育の推進にむけて「場づくり」「中身づくり」「ネットワークづくり」を行っている。前述の桶川市立加納中学校との連携の事例にみるように，「実際に生徒が地域に参加できる場」を作ったり，教材・カリキュラムの研究なども行っている。

2.2.5 各実施主体による特色

わが国における「市民科」もしくはCitizenship Educationの試みにおいてもっとも特筆すべき点としては，中央政府主導ではなく，自治体，学校・教員，NPOなど地方分権的，草の根的に進められていることがあげられる。「現時点での『公民科』と『市民科』の違いは何か」と問われれば，「国家的な教育カリキュラム・実施＝公民科」「非国家による教育カリキュラム・実施＝市民科」といえるほどである。

これらの取り組みが進められるようになった背景としては，英国のCitizenship Educationの影響もあるが，自治体レベルでは地方分権の流れや

構造改革特区の導入によるところが大きい。品川区や横浜市は，中高一貫特区のカリキュラム再編の一環として市民科を導入している。学校レベルでは，お茶の水女子大附属小のような実験的な取り組みが中心であるが，今後，コミュティスクール制度の導入[20]にともなって，公立校でも取り組みが進む可能性がある。

　各実施主体別に考察すると，自治体主導による「市民科」実施のメリットとしては，自治体独自の特色づくりができ，地域の活性策のひとつとなりうることである。自治基本条例とともに，まちの理念を反映し，地方自治・住民自治のシンボルにもできる可能性がある。また，自治体の教育理念がはっきりすることから，選挙などによって住民がそれを選択することができる。デメリットとしては，首長部局のイデオロギーの影響を受けやすく，カリキュラムや教科書の作成をめぐって政治闘争が起こる恐れもある。

　現在，公立校単独での実践はないが，もし採用されることがあれば，学校と地域コミュニティの架け橋となる教育カリキュラムをつくれる可能性があり，児童生徒が地域を支え，地域が学校を支える地域協働の学習の場になる可能性を秘めている。また，総合的な学習の時間を使えば，現行のカリキュラムでも，教員や学校主導による実践は十分可能である。その際には，教員だけに負担がかからないように，コーディネーターや支援団体によるバックアップが必要である。

　NPOによる実施は，学校外の社会教育では力を発するが，公立学校などに出前授業を行うにはまだハードルが高い。学校教員や学校との協働の形が望ましいが，それぞれの組織との連携をコーディネートするための中間組織が必要となる。（表8を参照）

表8 実施主体別によるメリット・デメリットの整理

実施主体	メリット・成果	デメリット・課題	備考
自治体主導型	・自治体の特色づくりができ，地域の活性化につながる。 ・選挙等によって，住民が教育理念を選択できる。 ・自治基本条例とともにまちの理念を反映でき，地方自治のシンボルになる。	・イデオロギーの影響を受けやすく，奉仕や規範性の押しつけになる恐れもある。	・構造改革特区による独自カリキュラムの作成は可能。
学校主導型	・公立学校であれば，学校の特色づくりになる。 ・コミュニティスクールや学校理事会制度との相性がよく，地域や保護者がカリキュラムづくりに参加できる。	・学校長の理解による。また，自治体行政との不一致。 ・現行制度では，公立校の独自カリキュラムの作成は不可能。総合的な学習の読み替えが限度。	
教員主導型	・教員の裁量の範囲内で，実験的・意欲的な取り組みができる。（とくに総合的な学習） ・総合的な学習のテーマに理念軸ができる。	・カリキュラムそのものの策定はできない。 ・社会科の枠内での実践か，選択社会や総合的な学習で授業を行う。 ・教員個人の努力や人脈力に依存。得意分野に偏る恐れもある。	・NPOやティーチング・アシスタントなどの支援・コーディネートが必要。 ・総合的な学習の枠を使えば，現行制度でも十分に可能。
NPO主導型	・授業案などを蓄積し，他の学校や自治体でも展開できる。 ・学校外での社会教育などに向いている。	・学校や自治体の理解を得るのが難しい。 ・特定テーマのアドボカシー団体も多く，テーマに偏りが生じる恐れがある。 ・予算や人的リソースに限りがある。	・コーディネーターやファシリテーターの育成を進める必要がある。 ・学校や教員との連携が必要。
学校（教員）・NPO連携型	・コーディネートを外部団体が行うことができ，それぞれの強みを活かせる。	・協力できる学校，団体を探すのが難しい。	・連携をコーディネートする中間組織が必要。
各主体共通のメリット・デメリット	・社会参加や協働の理念を理解でき，シティズンシップを育むことができる。	・保護者や世論の理解を得るのはまだ難しい。 ・策定されたカリキュラムの理念に保護者や児童生徒が賛同しない可能性もある。	・教育内容をじかに教え込むのではなく，児童生徒が主体的に考える場にする必要がある。

8　大森照夫他編[1993]『社会科教育指導用語辞典　第二版』, 教育出版
9　詳しくは，文部科学省HP「新しい学習指導要領の主なポイント（平成14年度から実施）」
　　http://www.mext.go.jp/b_menu/shuppan/sonota/990301i.htm　などに示されている。
10　文部科学省は「生きる力」を「確かな学力」「豊かな人間性」「健康と体力」の3つからなると
　　している。http://www.mext.go.jp/a_menu/shotou/gakuryoku/korekara.htm
11　西村和雄[1999]『分数ができない大学生−21世紀の日本が危ない』東洋経済新報社　などの
　　著作が火付け役となって，詰め込み教育か，考える力や生きる力か，といった学力論争が繰り広
　　げられた。
12　文部科学省 中央教育審議会「初等中等教育分科会 教育課程部会 審議経過報告」, 平成18年2
　　月13日
13　品川区教育委員会[2005]『品川区小中一貫教育要領』, 講談社　による。
14　また，社会科と市民科を統合できない理由としては，高校入試の受験教科である社会科を残す
　　必要があったと推測される。
15　横浜市教育委員会[2006], 「横浜教育ビジョン」, 横浜市教育委員会教育政策課の記述による。
16　「横浜教育ビジョン推進プログラム」によれば，横浜版学習指導要領・総則解説および教科編は，
　　翌19年度に策定される予定とのことである。実施は平成22年からの予定であるが，市民・創造
　　科は平成21年4月より実施されることになっている。
　　※「市民・創造科（仮称）」は，「横浜の時間」と名称変更し実施されている。
17　子どもたちが一見協力してうまくやっているようにみえても，彼らの「あいだ」にある関係性
　　が民主的でなく一方に権力が偏っていたり，単なる役割分担にすぎなければ，互いの意味ある学
　　びによる創造はなされないという。協働の関係が互いに開かれていなければならないと指摘し，
　　そのもとになる個のシティズンシップの育成に課題を見出している。
18　筆者のヒアリングによる。また，本プロジェクトの概要については大友秀明・桐谷正信・西尾
　　真治・宮澤好春[2007 p.p.115-138]を参照されたい。
19　公教育に政策系の市民活動が直接関わることや，実際の政治イシューを扱うことは，中立性の
　　問題から教育現場が警戒することが多いが，種別・専門分野の異なる3つ以上の団体（大学・教
　　育系NPO・政策系NPO）が関わることによってバランスがとれ，緊張感のある連携が行われて
　　いるように思われる。
20　学校運営に保護者や地域が参加できる学校運営協議会制度。平成16年9月から実施。平成19
　　年4月1日現在で195校が指定校となっている。
　　http://www.mext.go.jp/a_menu/shotou/community/index.html

第 3 章　英国の教育改革と Citizenship Education の導入過程

1．英国の教育改革　その背景と動向について

1.1 サッチャー改革以前（1944 年教育法）

(a)　制度の概要

　佐貫 [2002] によると，戦後の 1944 年教育法によって，英国の義務教育制度は次のような枠組みで行われていた。

① 5 から 15 歳までの義務教育の保証（のちに 16 歳までに延長）
② 多くの教会立学校をボランタリー・スクールという形で政府の統制下に組み込み公営化。それに加え，地方教育局（LEA）が管理するカウンティー・スクールが公営学校に位置付けられ，無償の義務教育を保証している。
③ 公的な教育の概念を拡大し，地方教育局の管理下で幼児学校，および 18 歳以降の継続教育（Further education）を設置。手厚い就職保障のための多様な教育を実現する。
④ 地方教育局（LEA）が責任をもち，管理するシステムの成立。
⑤ 中央教育諮問審議会（CACE）による政府への答申システムの設置。

　また，当時の中等教育は，小学校 11 歳の卒業年次に受けるイレブン・プラス・テストによって，グラマー・スクール，テクニカル・スクール，モダン・スクールに振り分ける三分岐型制度となっていた。（この他に日本の私立学校に該当する独立学校がある）

　義務教育段階のカリキュラムは，地方教育局（LEA）が単独もしくは複数の協同によるガイドラインを示し，各学校がそれを決定するシステムとなっている。

(b) 総合学習（トピック学習とテーマ学習）と職業体験学習

1920，30年代以降，英国の初等学校の教員間で徐々に普及し，全土に定着することになった「トピック学習」，「テーマ学習」とよばれる総合学習がある。これらは，子供の個性と自主性を重んじる個別学習方式であり，理想的なものとして世界に注目されていた。（木村浩 [2006, p.34]）

また，1973年には，教育職業体験法が制定され，産業界・地域社会と連携した職業体験教育の実践も多くなされている。[21]

しかしながら，このような子供の自主性を尊重する学習方式を児童中心主義の無責任教育として批判する見方もある。[22] この児童中心主義への批判にもとづいて，次節で述べるようなサッチャーによる改革が行われたと考えてよいだろう。

1.2 サッチャー・メージャー政権下における教育改革

1970年代後半から1980年代において，世界は経済不況を迎える。英国でも経済状況を立て直し，国際的な経済競争に勝ち残るべく，サッチャー政権による教育の中央集権化と競争原理の導入が始まることになる。

前節で述べたように，これまでの英国の教育は，地方教育当局（LEA）を中心とするカリキュラムによって進められ，各学校ではそれらを独自に編成し，多様で自由な教育を実践していた。しかし，1988年に教育改革法が成立し，ナショナル・カリキュラムとナショナル・テストが導入されることになった。教育水準を統一し，その到達度をはかり，成績によって学校を評価する方向へと転換したのである。これらの背景には，地方教育当局が労働党の巣窟となり，中央の意思が反映されにくかったこと，児童中心主義の教育観への否定があったといわれる。

佐貫 [2002] は，1988年教育改革法による改革として次の点をあげている。
　①ナショナル・カリキュラムとそれにもとづくナショナル・テストの設定
　②ガバナー制度の改革
　③地方的財政経営（LFM）による財政権限の学校への移譲

④国庫補助学校（Grant Maintained School（GM School））の創設
⑤CTC（City Technology College）の設立
⑥学校へのオープン・エンロールメント・システムの導入による学校選択の促進
⑦大学システム，制度の変更
⑧インナー・ロンドン教育当局（ILEA）の廃止

　ナショナル・カリキュラムでは，英語，数学，理科を中核教科（core subject）とし，これに技術，情報，体育，美術，音楽，地理，歴史，外国語を含めた11科目を基本教科としている。また，これら基本教科に加え，宗教教育，特別活動，性教育，進路指導などが義務づけられている。中核教科の英語，数学，理科については40〜50％の時間が指定されているが，基本教科については時間規定はなされていない。（佐貫[2002, pp.21-22]）
　細かなカリキュラムについては教師，学校に任されており，ナショナル・テストによってその到達がなされているかを確かめるようになっている。いわゆる出口管理による教育の質の確保である。学校入試によって事実上，教育の質を確保している日本と大きく異なるところである。また，私立学校（たとえばパブリック・スクール）にはナショナル・カリキュラムの拘束もなく，生徒もナショナル・テストを受ける必要はない。しかし，GCSE（中等教育資格）を獲得するためにはナショナル・カリキュラムにある程度沿った授業をせざるを得ない。（佐貫[2002, pp.22-23]）
　この当時Citizenshipは，教科横断的な学習であるPSE（のちのPSHE（Personal, Social and Health Education 人格・社会性・健康の教育））の1テーマとして存在するに過ぎなかった。（B.Dufour[2006, p.7]）
　ガバナー（学校運営理事会）制度は，古くから存在している。しかし，1944年教育法の頃は，地方教育当局設立（LEA）の公立学校では，LEAが全てのガバナーを指名することもあり，学校の運営にLEAの権限が強く働いていた。本来の理事会が機能していなかったのである。1980年教育法，

1986年教育法,1988年教育法を経て,すべてのGoverning Bodyに2名の親,教師,校長,LEA,地域の有識者などがバランスよく選ばれるようになった。財政,人事など多くの権限が個々の学校に下りてきた。しかしながら,個々の学校に配分される予算の枠は,おもに生徒数で決められる。学校選択制のもと,生徒の獲得にむけて市場原理的な学校間競争が促進されることになる。(佐貫 [2002, p. 71])

また,多くのLEAは労働党政権の支配下にあったことから,サッチャーはそれを断ち切るために国庫補助学校(Grant Maintained School (GM School))を創設する。個々の学校が,親の同意があればLEAの統制から抜けることができ,国家から直接財政支出を受けられる。(佐貫 [2002, p.23])

とくにインナー・ロンドン教育当局(ILEA)は,労働党の影響力が強く,進歩的なカリキュラムを実施していた。サッチャーは1990年にILEAを廃止,13の小さなLEAに分割した。(佐貫 [2002, p.28])

このように,LEAから各学校に権限を下ろし自主権を与える一方,その結果の管理については中央で管理できるようにしたのが,1988年の教育改革の特徴である。教育の中央集権化について一方的に批判する動きもわが国にあるが,大胆に分権し,学校が地域に根付く機会を与えたことは評価できる。

メージャー政権下の1992年教育法では,OFSTED (Office for Standards in Education: 教育基準局)が設置された。DfES (教育技能省)から独立した政府機関であり,教育機関の監査,教育技能大臣への助言を大きな役割としている。監査は,①学校により提供される教育の質,②児童生徒の到達した教育水準,③予算使用の効率性,④児童生徒の精神的・倫理的・社会的・文化的発達,に分けて行われる。監査の結果,許容できる水準を下回ると失敗校として特別措置を要求され,40労働日以内に改善計画を提出しなければならない。監査官は政府機関からの勅人監査官(Her Majesty's Inspectors),教科教育の監査官(Team Inspectors),一般監査官(Lay Inspectors)などによって構成される。(榎本剛 [2002, pp.69-70])政府からの視点だけでなく,教育の専門家,教職経験者,一般の視点などから多面的に視察がなされるの

が特徴である。

　このような保守党政権による教育改革によって，明確な指標を用いた学校と児童の達成度の評価が客観的に行えるようになった。しかし，一方で，競争から取り残される学校や生徒に対する配慮に欠けることや，教育困難な地域への施策の欠如などが指摘され，国全体としての教育水準は向上できなかったことも指摘されている。（榎本剛 [2002, pp.10-11]）

1.3 ブレア政権下における教育政策

　1997年5月に労働党が勝利し，第一期ブレア政権が誕生すると，教育雇用大臣にディビッド・ブランケットが就任する。「学校教育の水準の向上」の課題克服については前政権から引き継ぐものの，競争から取り残された学校や生徒も含めてすべての学校に学力向上を求めるところが大きく異なる点である。とくにリテラシー（読み書き）とニューメラシー（計算）を徹底し，学力の底上げを図った。

　第一期ブレア政権では，小学校の教育条件（読み書き計算）の改善，「保育バウチャー」「国庫補助学校（Grant-Maintained School）」の廃止，小学校低学年における30人学級の実現，教育への公財政支出の増大（初等中等教育費では1999 - 2000年に2428百万ポンドから2000 - 2001年には4952百万ポンドへと大幅増）などの施策とともに，学校や地方教育当局の運営に際して民間資金の導入を積極的に行うなど，市場原理による様々な連携に取り組んだ。小学校を中心に学力の改善が見られるものの，様々な新制度の導入や報告事務の増加に伴い，教員の事務量が膨大になったこと，教員の待遇改善が進まず，都市部を中心に教員不足が深刻化するなどの問題も見られた。（榎本 [2002, p.10, 22]）

　ナショナル・カリキュラムも2000年から改訂版が段階的に実施され，2002年にはKS 3，KS 4においてCitizenship Educationが新教科として必修となった。第二期ブレア政権では，小学校に引き続き，中等学校の改革を推進，読み書き計算重視の授業編成を行った。ほかには，学校の多様化・弾

力化を通じた教育の活性化，スペシャリスト・スクールの増加，宗教団体や民間企業による学校経営参画を奨励，教員確保の施策の推進などの改革を進めた。(榎本 [2002, p.10, 22])

2. Citizenship Education の導入過程分析

2.1 導入の経緯について

ブリティッシュ・カウンシルの Rosalind Morton によれば，Citizenship Education の導入背景として，国民の「政治的無関心」「投票率の低下」「政治・社会システムへの理解不足」を挙げている。リーダーズ英和辞典（研究社，第2版）を引いてみると，「Thatcher's Children」という見出し語が見つかる。その説明には，「Thatcher 政権下で基礎教育をうけた若者；以前のパンク世代よりおとなしく退行的で，政治に対する無関心・喫煙・アルコール依存，非合理的なものへの傾斜を特徴とする」とあり，保守党政権下における新自由主義政策および競争主義によって生まれた社会格差を典型的に示している例ともいえる。

栗田 [2002, pp.26-28] は，Citizenship Foundation の John Potter の講演[23]や Crick Report (the Advisory Group on Citizenship [1998]) での記述を例にあげながら，Citizenship Education の必修化の背景について，①国家の役割の変化，②青少年の現状，③文化的多様性，の3つを挙げている。

①国家の役割の変化

「福祉国家」が破綻し，サッチャリズムを経て国民の自助努力が求められ，失業，貧困，教育，医療，保険，住宅など多くの問題の解決を国家のみに頼るのではなく，「全ての人が解決に寄与できる社会」をつくる必要性が高まる。全ての人々がイギリスに帰属感を持てるよう「社会的統合」を進める必要性がある。

②青少年の現状

（1992年）総選挙の投票率の低下，若者の疎外感，シニシズム。支持政党をもたず，若者の55％が新聞を読まない。就業のために必要な能力や姿勢を十分に獲得していない。

③文化的多様性

インナーロンドン教育局管内では，英語を第二言語とする子どもが6人に1人おり，母国語は英語以外の157言語が話されている。地方都市ブラッドフォードでも1981年にバイリンガルの生徒が14,201人，家庭で使う言語は英語以外に64言語あるという。ますます複雑になる，文化的多様性や価値についてのコンセンサスが明らかに欠如している。伝統的なサポート・メカニズムの崩壊と結びついて，ナショナル・アイデンティティの問題を提起している。'common citizenship'（同じ市民であること）や'multi-cultural citizenship'（多文化共生のシティズンシップ）の認識を根付かせる必要がある。

①，②については，日本もかなり似た状況にある。③についても，埼玉県川口市，静岡県浜松市，東京都北区や新宿区などでは多くの外国人が居住しており，今後ますます同様の状況に近づいていくのではないかと思われる。

2.2 Citizenship と Social Studies の変遷

B.Dufour は，Citizenship Education の起源について，Social Studies の変遷とからめて，次のように述べている。

> 19世紀末までに，Citizenship の指導らしきものは，とくに小学校ではいくらか見られたのだが，その意義を理解している学校理事会や教師がいる学校のみに限られていた。19世紀早期には，歴史や地理が教科として確立する一方，"Civic Education" を直接的に指導する形で教える教師もいくらか存在したという。

> 1934年，ヨーロッパに全体主義政府が興隆してきたことに対して，英国の学校教育でも民主主義についての教育が必要であると確信し，ロンドン大学LSEの社会科学者たちが「シティズンシップの教育につ

いての学会（the Association for Education in Citizenship）」を設立した。しかし，政府の公式レポート（the Spens Report of 1938）では，教室での政治的な話し合いは望ましくないとの見解を示していた。

　この政府の見解にもかかわらず，1950年代初頭にはセカンダリー・モダン・スクールの多くで社会科学（Social Studies）の指導が流行り始めていた。地理や歴史の教科書に簡単な経済やCitizenshipを付け添えていたものもあった。しかし，地理や歴史の教師からは，そのことによって内容が薄まってしまうという反発があり，長くは続かなかった。社会科学の内容を定義づけるのは難しく際限がないことも理由に挙げられており，現在のCitizenshipに対する状況にもよく似ている状況であった。（B.Dufour[2006]）

　その後，Social Studiesは歴史や地理とともにナショナル・カリキュラムの必修科目の座を争うが，カリキュラムに定める範囲やバランスなどをめぐってなかなか折り合いがつかなかったこともあり他の教科に敗れてしまう。このようにしてKS 3, KS 4でのSocial Studiesは衰退し，PSE（Personal and Social Education）として存在するにとどまることになる。post-16では心理学と社会学が人気があったことから生き残っていた。[24]

　また，教育技能省のカリキュラムアドバイザーであるPaula Kitchingは，筆者によるヒアリングに対して「1980年の教育法改正で，教師が政治的意図を教えてはいけないということになった。」と述べている。おそらく労働党の影響下にあり進歩的な教育を進めてきた教育現場への牽制でもあったのだろう。このような状況にあって，「子どもたちが議論できるように教師が仕向けたり，ゲストスピーカーを呼ぶなどの手法を用いて指導するようになった」とも述べている。

2.3 Citizenship Educationの必修化

　1997年5月の労働党が誕生し，教育雇用大臣にDavid Blunkettが就任す

る。彼は英国初の盲目の閣僚であり，その恩師は政治学者 Bernard Crick である。この Crick を委員長として，Citizenship Education のための諮問委員会が組織される。1998 年に提出された最終答申書「Education for citizenship and the teaching of democracy in schools」は，彼の名にちなんで Crick　Report と呼ばれている。

「我々は国家全体でも地域でも，本国の政治文化を何より変えることをねらいとしている。つまりそれは，公共生活に影響を与える意思，能力，素養をもった行動的な市民（Active Citizen）として，人々が自身について考えられるようにすることである。」(the Advisory Group on Citizenship [1998])と本答申でも述べられているように，英国では，社会に積極的に参加し，責任と良識ある市民を育てるための教育として，Citizenship Education の必要性がうたわれるようになる。

2002 年，本答申を受けて，中等教育（ＫＳ３＆４）では，Citizenship をＰＳＨＥから独立させ，必修教科に導入されることとなった。なお，初等教育（ＫＳ１＆２）では，従来どおり，ＰＳＨＥの１テーマとして位置づけられている。

21　木村浩 [2006]p.44- では，ウルバーハンプトンにある総合制中等学校の事例など，さまざまな職業体験教育の事例を紹介している。
22　松原仁 [2005]，「サッチャー首相は教育改革を断行したのか－「イギリス病」との戦いから生まれた「1998 年教育改革法」」中西輝政 監，『サッチャー改革に学ぶ　教育正常化への道－英国教育調査報告』，PHP 研究所　本稿のなかで，「11 歳の中等学校進学時にテストがある「英語（つまり国語）」「数学」「科学」という基礎教科についてはある程度カリキュラムがあったそうだが，歴史の授業では，ある先生はアテネの歴史ばかりを教え，ある先生は恐竜時代ばかりを取り上げる，といった滅茶苦茶なことがまかり通っていた」と記している。これらを 1960 年代から行き過ぎた社会主義思想が大流行し，伝統的価値観に対する否定的風潮が強まるなかでの「児童中心主義」が推奨されたと指摘している。このような批判を用いて，品川区教育長の若月秀夫 [2005] も日本の児童中心主義の教育を批判し，改善を訴えている。
23　東京ボランティア・市民活動センター編『「市民学習」日英研究プロジェクト報告書』1999 年 3 月
24　KS3 と KS4 は中等学校でのカリキュラムであり，post-16 は中等教育に接続するシックスズ・フォームカレッジでの教育課程を指す。

第4章　英国における Citizenship Education の事例分析
－その内容と組織体制－

1. 教科の概要

1.1 日米の Civic Education と英国の Citizenship Education

　Community Service Volunteers（CSV）の Citizenship Education 担当である Peter Hayes は，Citizenship Education と Civic Education の違いについて，次のように述べている。[25]

・Civic Education は過去にも英国では教えてきている。Citizenship Education は知識だけではなく幅広い。ただし，これが必ずしも Civic Education よりいいかどうかは個人的には何ともいえない。

・Civic Education は公民，政治・法律・権利，知識を得る受身的な学習である。省庁の人材を育てるようなもの。Citizenship Education は，実社会に適応させるため，現実に近いシチュエーションのなかに参加型アクティビティを入れている。参加の機会を与えものである。ここが大きな違いである。

　大津[2005]は，「1969年以前では政治に関する教育は『エリート』の生徒に対してのみ行われていたに過ぎなかった」としており，前述の B.Dufour による Civic Education の記述も含めて考えると，Civic Education は 1970年以前に一部の学校で行われた，主にエリート向けの社会システムについての知識中心の教科であったと思われる。

　ただし，Peter Hayes は，日本やアメリカの公民教育を「Civic Education であり Citizenship Education ではない」としている。[26]

　Association for Citizenship Training（ACT）の Alice Dorsett は次のように述べている。[27]

・Citizenship Education は権限を与えるもの（エンパワートメント）。これまで中央集権的だったものを，民主的に一人一人に権利を与え，コミュニティに参加できるようにする。人々に責任感をもたせる。また，コミュニティの課題を解決するスキル・知識，常識なども与える。
・アメリカのノースカロライナにスタッフが視察に行ったとき，そこではサービスラーニングを行っている。アクティビティに参加させて，「よい市民（Good Citizen）」を育てようとしている。やや愛国者（patriotist）の育成に傾いているところがある。英国の Citizenship Education とは対照的である。（英国では Civic education は愛国的なものと捉えられているようだ。）[28]

この発言からみると，保守党政権下の中央集権から，労働党の第三の道による個人や地域への分権を意識しているように思われる。参加の権限と，責任感をもった「積極的・活動的な市民（Active Citizen）」がコミュニティや社会を支えていくことを意図しているのだろう。それに対して，Civic Education は従来の福祉国家的な国家観やその中の役割を担う一個人を育てるための教科であり，社会システムの理解ができればよい，「よい市民（Good Citizen）」を育てるものと捉えているように思われる。

Crick Report の記述「国王が下位の人々からの徐々に生じる圧力に応えるために，議会に権限を与えるという歴史の経緯があったために，『英国の臣民』と『英国の市民』の概念はほとんどの人々にとって同じものであるようにみえる。」(the Advisory Group on Citizenship [1998, p.9]) にあるように，とくに国王によって授権される状況が色濃く残っている英国においては，「英国の臣民」と「英国の市民」が同じような響きになっていたという。わが国においても，「サイレント・マジョリティ」という言葉があるように，無謬性を信じられている行政府にお任せの「物静かな国民」と「お任せ民主主義」が指摘されてきた。

そして，Crick Report は，T.H.Marshall [1992] の市民的・政治的・社会的という3つのシティズンシップの要素をあげ，Good Citizen と Active Citizen について次のように述べている。

　最近,「よい市民（Good Citizen）」や「積極的・活動的な市民（Active Citizen）」という言葉が再び用いられるようになってきた。…福祉は国家によってただ与えられるだけではなく，互いの好意によって助け合えるものであり，それは自発的な意思にもとづく人々の集まりや，ボランティア団体・非営利組織によって，地方レベルでも国のレベルでも支えあうことができることを強調している。調査委員会（commission）はこれらの両方を義務とみなし，「積極的・活動的な市民（Active Citizen）」と呼んでいたが，マーシャルの第二の要素についてはあまりふれられていない。もしかすると，それは政治的なシティズンシップを当たり前のものとしてとらえたのかもしれない。（それは歴史的にみても，決して確かなものではないのだが。）市民的な精神，市民憲章とコミュニティにおける自発的な活動はきわめて重要なものであるが，政治的な理解と行動が，一人一人がこのような取り組みをする助けとなり，準備を整えることになるはずである。(the Advisory Group on Citizenship [1998, p.9])

これを整理すると，表9のようになる。

表9　市民観と教育・社会モデルによる分類

市民観	教育モデル	個人と社会の関わり	社会モデル
Good Citizen「よい市民」	Civic Education	愛国心・忠誠	国民国家 福祉国家
Active Citizen「積極的・活動的な市民」	Citizenship Education	社会への参加 自発的な活動	第三の道 市民社会

筆者作成

Civic Education は，福祉国家の色彩を色濃く引き継ぎ，国家に「よりよい市民」であろうとする教育モデルである。そして，Citizenship Education は，ポスト福祉国家において，社会へ「自発的に参加し，社会を支えていく市民」

を育てようという方向性が見えてくる。[29]

1.2 カリキュラムの概要

ここまで述べてきたように，Citizenship Education は，社会をよりよくするために自発的に行動する「積極的・活動的な市民」の育成を目指すものである。このような目的を達成するために英国では2000年版カリキュラム（KS3・4）で教科 Citizenship が必修化され，2002年より実施されるようになった。表10がそのカリキュラムである。

表10　Citizenship の学習プログラム

KS3（12〜14歳）	KS4（15〜16歳）
知識・スキル・理解 授業では，見識のある市民になることについての知識と理解は，調査とコミュニケーション，そして参加と責任ある行動のスキルを育成したときに形成され，適用できるのだということをきちんと押さえるべきです。	知識・スキル・理解 授業では，見識のある市民になることについての知識と理解は，調査とコミュニケーション，そして参加と責任ある行動のスキルを育成したときに身につき，適用できるのだということをきちんと押さえるべきです。
良識ある市民になることに関する知識と理解 1．生徒は以下のことを教えられるべきです： 　a. 社会を支えている法的権利や人権，責任，刑事裁判システムの基本的局面 　b. 連合王国における国籍，地域，宗教，人種的アイデンティティの多様性および相互尊重と相互理解の必要性 　c. 中央と中央政府，それらが提供する公共サービスとそれらの費用をまかなう方法，貢献の機会 　d. 議会制度およびその他の政治機関の主な特質 　e. 選挙制度と投票の重要性 　f. コミュニティレベル，国家レベル，国際的レベルのボランティアグループの働き	良識ある市民になることに関する知識と理解 1．生徒は以下のことを教えられるべきです： 　a. 法的権利と人権，および社会を支える責務，刑事・民事システムの役割とはたらきを含めて，それがいかに市民に関連しているかということ 　b. 連合王国における国籍，地域，宗教，人種的アイデンティティの多様性および相互尊重と相互理解の必要性 　c. 法律をつくり制定する上で議会，政府，裁判所が果たす役割 　d. 民主的プロセスと選挙プロセスに積極的に参加することの重要性 　e. 企業と金融サービスの役割も含めた，経済の機能の仕方 　f. 個人やボランティアグループが地元や国，ヨーロッパ，そして国際的レベルにおいて社会変化をもたらす機会

KS3 (12～14歳)	KS4 (15～16歳)
g.紛争を公正に解決することの重要性 h.社会におけるメディアの重要性 i.グローバル・コミュニティとしての世界，およびそのことの政治上・経済上・環境上・社会上の意味あい，欧州連合，英連邦，国連の役割	g.報道の自由の重要性，インターネットを含むメディアが情報を伝達して世論に影響を与える中での社会におけるメディアの役割 h.消費者，被雇用者，雇用者の権利と責任 i.欧州連合を含めたヨーロッパにおける英連邦の利害関係および連合王国と国連の関係 j.持続可能な開発とローカル・アジェンダ21を含んだ，世界の相互依存と責任に関するより広範な論点とチャレンジ
調査とコミュニケーションのスキルを育成 2．生徒は以下のことを教えられるべきです： a.情報とICTベースのソースを含めた情報源を分析することにより，時事的，政治的，精神的，道徳的，社会的，文化的論点や問題，出来事について考えること b.そのような論点や問題，出来事についての個人的意見を口頭と文章で正当化すること c.グループや予備的なクラスのディスカッションに貢献，ディベートに参加すること	調査とコミュニケーションのスキルを育成 2．生徒は以下のことを教えられるべきです： a.ICTをベースとした情報源を含む，異なるソースの情報を分析したり，統計の活用や悪用についての理解を活用しながら，今起こっている政治的，精神的，倫理的，社会的，文化的問題や出来事を調査すること b.上記のような論点，問題，出来事についての個人的意見を口頭や文書で表現したり，正当化したり，擁護すること c.グループ・ディスカッションや予備的なクラス・ディスカッションで意見を述べ，正式なディベートに参加すること
参加と責任ある行動のスキルの育成 3．生徒は以下のことを教えられるべきです： a.他の人の経験を考える上で自分の想像力を活用し，自分自身のものではない見解について考えたり，表現したり，説明したりできること b.交渉し決断すること，学校とコミュニティレベル双方の活動で責任の一翼を担うこと c.参加のプロセスについて反省すること	参加と責任ある行動のスキルの育成 3．生徒は以下のことを教えられるべきです： a.他の人の経験について想像力を用いて考えること，自分たちのものではない意見について考え，意見を述べ，説明し，批評眼を持って評価できるようにすること b.交渉や決定，および学校やコミュニティの責任を伴う業務を一部担うこと c.参加のプロセスを反省すること

Citizenship: The National Curriculum for England, DfEE and QCA, 1999, pp.14-15
(翻訳：日本ボランティア学習協会編 [2002]，『英国の「市民教育」Citizenship Education in UK』，日本ボランティア学習協会, pp.95-97)

(a) スキルの重視

本プログラムを概観するとわかるように，Citizenship育成のための「知識・スキル・理解」があり，「良識ある市民になることに関する知識と理解」「調

査とコミュニケーションのスキルの育成」「参加と責任ある行動のスキルの育成」を意識した学習が必要であるとしている。学習内容だけでなく，身につけるべき「スキル」について2本の柱を立てているところをみても，知識だけでなく，実際に行動し考えることをとおして学ぶこと（＝行動するためのスキルの育成）が意識されているのがわかる。

　わが国の学習指導要領（中学社会 公民的分野）の目標には，「社会的事象への関心・意欲・態度」「社会的な思考・判断」「社会的事象についての知識・理解」「資料活用の技能・表現」が盛り込まれており，大枠では相違ないが，英国では技能（スキル）の部分で，「参加」「行動」「調査」「コミュニケーション」の4つの観点があり，「調査」以外の「参加」「行動」「コミュニケーション」の部分がわが国の指導要領には不足しているように思われる。

(b)　KS 3 と KS 4 の比較

　KS 3 と KS 4 を比較すると，KS 4 には，「良識ある市民になることに関する知識と理解」の項目に新たに「e. 企業と金融サービスの役割も含めた，経済の機能の仕方」「h. 消費者，被雇用者，雇用者の権利と責任」「j. 持続可能な開発とローカル・アジェンダ21を含んだ，世界の相互依存と責任に関するより広範な論点とチャレンジ」などが付け加えられている。また，同じメディアについても KS 3 の「h. 社会におけるメディアの重要性」から，KS 4 の「g. 報道の自由の重要性，インターネットを含むメディアが情報を伝達して世論に影響を与える中での社会におけるメディアの役割」となり，より詳しく，高度な視点を要求される。

　「調査とコミュニケーションのスキルの育成」では，KS 4 には「統計の活用や悪用についての理解を活用しながら（a）」の記述が追加され，より緻密かつ数理的な解釈の力が求められている。また相手の意見を「擁護すること（b）」や「正式なディベート（c）」といったより高いコミュニケーションのスキルが要求されている。

　「参加と責任ある行動のスキルの育成」では，「批評眼を持って評価できる

ようにする」の記述が追加されている。

(c) 日英カリキュラムの知識内容の比較

　次頁の表11は，日本の学習指導要領と英国のナショナル・カリキュラムの学習内容（知識・理解面）を比較したものである。この表をみると，わが国の指導要領にある「家族制度の重視」は英国のCitizenshipには含まれていない。この点はPSHEに含まれる箇所でもあるし，個人主義を重視する国柄も表れているのかもしれない。一方，英国のCitizenshipにある「メディアの理解」については，日本の学習指導要領の内容には含まれていないが目標「(4) 現代の社会的事象に対する関心を高め，様々な資料を適切に収集，選択して多面的・多角的に考察し，事実を正確にとらえ，公正に判断するとともに適切に表現する能力と態度を育てる」とあり，ここに各メディアの理解も含まれていると考えてよいだろう。

　このほかには，核兵器に関する記述，欧州連合に関する記述，宗教，人種的アイデンティティなど，両国の特殊性も見て取れることや，全般的に日本の方が細かい規程であることなどに気づく。しかし，大・中項目でとらえると，両国のカリキュラムがそれほど大きく異なるとも思えない。それでは，英国の学校におけるCitizenshipの実施状況はどのようになされているのだろうか。

　次項以降は，実際に教科Citizenshipが実施されている状況を取り上げ，英国ではどのような取り組みがなされているのかを考察する。

表11 日本の学習指導要領（中学校社会科公民的分野）と英国のナショナル・カリキュラム（Citizenship）における知識内容の比較

11-1 現代社会と私たちの生活

	日本 中学校社会科（公民的分野）	英国 Citizenship（KS3）	英国 Citizenship（KS4）
現代日本の歩みと私たちの生活	・現代日本の発展の過程と国際化の進展のあらまし ・現代社会の特色 ・高度経済成長から今日までの我が国や国際社会の変容 ・国際社会における我が国の役割	f.コミュニティレベル，国家レベル，国際的レベルのボランティアグループの働き	f.個人やボランティアグループが地元や国，ヨーロッパ，そして国際的レベルにおいて社会変化をもたらす機会
個人と社会生活	・家族や地域社会などの機能 ・人間は本来社会的存在であること ・個人と社会とのかかわり ・現在の家族制度における個人の尊厳と両性の本質的平等 ・社会生活における取決めの重要性やそれを守ることの意義及び個人の責任		

11-2 国民生活と経済

	日本 中学校社会科（公民的分野）	英国 Citizenship（KS3）	英国 Citizenship（KS4）
私たちの生活と経済	・身近な消費生活を中心に経済活動の意義 ・価格の働きに着目させて市場経済の基本的な考え方 ・現代の生産の仕組みのあらまし ・金融の働き ・社会における企業の役割と社会的責任 ・社会生活における職業の意義と役割 ・雇用と労働条件の改善 ・勤労の権利と義務，労働組合の意義及び労働基準法の精神		e.企業と金融サービスの役割も含めた，経済の機能の仕方 h.消費者，被雇用者，雇用者の権利と責任
国民生活と福祉	・国民生活と福祉の向上を図るために，国や地方公共団体が果たしている経済的な役割 ・社会資本の整備，公害の防止など環境の保全，社会保障の充実，消費者の保護，租税の意義と役割 ・国民の納税の義務 ・限られた財源の配分という観点からの財政	c.中央と中央政府，それらが提供する公共サービスとそれらの費用をまかなう方法，貢献の機会	

11-3 現代の民主政治とこれからの社会

	日本　中学校社会科（公民的分野）	英国 Citizenship（KS3）	英国 Citizenship（KS4）
人間の尊重と日本国憲法の基本的原則	・人間の尊重，基本的人権 ・法の意義 ・民主的な社会生活 ・法に基づく政治，日本国憲法に基づく政治の意義 ・日本国憲法が基本的人権の尊重，国民主権及び平和主義を基本的原則としていること ・象徴としての天皇の地位と天皇の国事行為	a. 社会を支えている法的権利や人権，責任，刑事裁判システムの基本的局面 b. 連合王国における国籍，地域，宗教，人種的アイデンティティの多様性および相互尊重と相互理解の必要性	a. 法的権利と人権，および社会を支える責務，刑事・民事システムの役割とはたらきを含めて，それがいかに市民に関連しているかということ b. 連合王国における国籍，地域，宗教，人種的アイデンティティの多様性および相互尊重と相互理解の必要性
民主政治と政治参加	・地方自治の基本的な考え方 ・地方公共団体の政治の仕組み ・住民の権利や義務 ・地方自治における自治意識 ・国会・民主政治の仕組み ・政党の役割 ・議会制民主主義の意義 ・多数決の原理とその運用 ・法に基づく公正な裁判の保障 ・民主政治のための，公正な世論の形成と国民の政治参加 ・選挙の意義	d. 議会制度およびその他の政治機関の主な特質 e. 選挙制度と投票の重要性 g. 紛争を公正に解決することの重要性	c. 法律をつくり制定する上で議会，政府，裁判所が果たす役割 d. 民主的プロセスと選挙プロセスに積極的に参加することの重要性
世界平和と人類の福祉の増大	・世界平和の実現と人類の福祉の増大 ・国家間の相互の主権の尊重と協力，各国民の相互理解と協力 ・日本国憲法の平和主義 ・我が国の安全と防衛の問題 ・核兵器の脅威 ・戦争を防止し世界平和を確立するための熱意や協力の態度 ・地球環境，資源・エネルギー問題など	i. グローバル・コミュニティとしての世界，およびそのことの政治上・経済上・環境上・社会上の意味あい，欧州連合，英連邦，国連の役割	i. 欧州連合を含めたヨーロッパにおける英連邦の利害関係および連合王国と国連の関係 j. 持続可能な開発とローカル・アジェンダ21を含んだ，世界の相互依存と責任に関するより広範な論点とチャレンジ

11-4　その他

	日本　中学校社会科（公民的分野）	英国 Citizenship (KS3)	英国 Citizenship (KS4)
メディア理解		h. 社会におけるメディアの重要性	g. 報道の自由の重要性，インターネットを含むメディアが情報を伝達して世論に影響を与える中での社会におけるメディアの役割

出典：下記資料をもとに筆者作成
・Citizenship: The National Curriculum for England, DfEE and QCA, 1999, pp.14-15　（翻訳：日本ボランティア学習協会編[2002]，『英国の「市民教育」Citizenship Education in UK』, 日本ボランティア学習協会 , pp.95-97）
・文部科学省，『中学校学習指導要領 社会科』（平成10年12月告示），文部科学省

2．中等教育における実施状況

2.1　Clapton Girls High School の事例

(a)　学校とカリキュラムの概要

　中等教育における教科 Citizenship の実施状況を調べるために，Clapton Girls High School を視察した。本校は，11歳から16歳まで（KS 3～KS 4）の公立の女子校である。生徒数は全校で900名（1学年180名×5学年），アフリカ系の生徒が最も多く，次いでカリビアン，トルコ，インド，ロシアと多様な民族的バックグラウンドをもつ生徒が集まっている。本校では，全校的なビジョンに Citizenship の育成を掲げ，教科の学習だけでなく学外活動や特別活動などでも Citizenship を育成するような活動や学習を行っている。（図4参照）

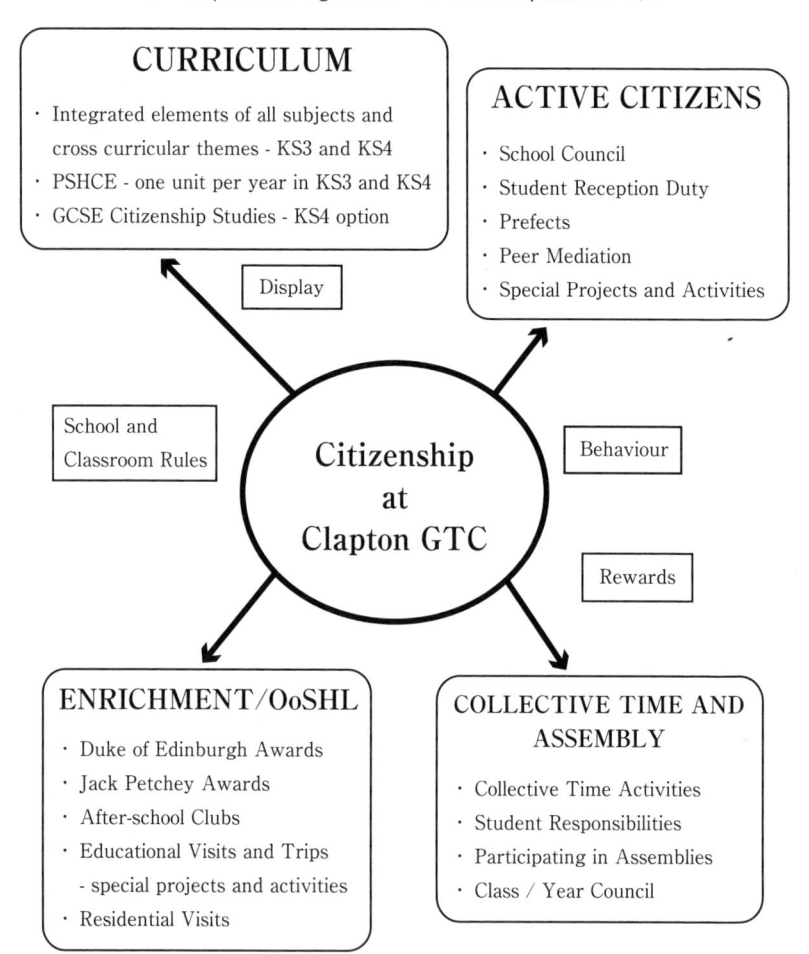

図4 Clapton Girls High School での Citizenship 指導の取り組み

CURRICULUM

- Integrated elements of all subjects and cross curricular themes - KS3 and KS4
- PSHCE - one unit per year in KS3 and KS4
- GCSE Citizenship Studies - KS4 option

ACTIVE CITIZENS

- School Council
- Student Reception Duty
- Prefects
- Peer Mediation
- Special Projects and Activities

Display

School and Classroom Rules

Citizenship at Clapton GTC

Behaviour

Rewards

ENRICHMENT/OoSHL

- Duke of Edinburgh Awards
- Jack Petchey Awards
- After-school Clubs
- Educational Visits and Trips
  - special projects and activities
- Residential Visits

COLLECTIVE TIME AND ASSEMBLY

- Collective Time Activities
- Student Responsibilities
- Participating in Assemblies
- Class / Year Council

図4のとおり、中心に Clapton Girls High School の理念として Citizenship を示しており、そこから放射線状にそれぞれの取り組みに分かれている。

図の左上は、カリキュラム上の Citizenship を示し、本校では、「全ての教科との統合、横断的な学習（KS 3・KS 4）」「PSHCE の1ユニット（KS 3・KS 4）」「GCSE Citizenship Studies（KS 4選択）」の3種類の学習形態がある。

図の右上には、学校の諸活動での Citizenship の取り組みを示している。とくに School Council（生徒会）や学校生活における自発性・主体性に重点を置いている。

図4の左下は学校外での活動やイベントなどを示している。募金活動やお祭りなどを行っているという。このほかにも、学校のルール、学級のルール、校内や教室の掲示、褒章制度などが、Citizenship の育成の理念のもとに行われている。

このように、学校全体の理念軸として Citizenship を柱に据えており、学内外のすべての学習や活動が、よき市民、積極的・活動的な市民の育成につながるようになっている。

教科としての Citizenship は、KS 4の「GCSE Short Course」[30] を単独教科で開講している。KS 3では単独に開講する時間が取れないので PSHCE (Personal, Social, Health and Citizenship Education) の1テーマとして行っている。（図4左上部および表12・13参照）また、授業とは別に、毎週月曜日（週に1時間）ＰＳＨＣＥのチュートリアルを行っている。

表12の網掛けの部分が Citizenship に該当するテーマを扱っている部分であり、「市民とは何か」「子どもの権利条約」「法」「人権・難民」「議会と政府」などのテーマで KS 3のみに行われているのがわかる。

表12 当校で開講されているPSHCEの年間プログラム（網掛け部分はCitizenshipに該当）

学年	秋学期	秋学期	春学期	春学期	夏学期	夏学期
7	Me, My Class and My school	Friendships Anti-Bullying	Study Skills Student Statements	Growing Up Puberty	What is Citizen?	Healthy Eating
8	Looking forward to Year 8 Anti-bullying	Childrens' Rights	Sex Education Contraception	Study Skills	Health Matters Smoking Alcohol	The Law
9	Human Rights Refugees	Sex and Relationships	STEPS Study Skills Preferences	STEPS Life Skills Self-esteem	Health Matters Substance Use and Misuse	Parliament and Government in UK
10	NPRA Body Image	NPRA Drugs	NPRA Sex Education: Parenting HIV and other STDs	To be confirmed	Prisoners of Conscience	Preparation for Work Experience
11	Work Experience NRA Statements	College Study Skills	Preparation for adult life	Diversity in UK	Study Leave	Study Leave

当校資料をもとに筆者作成

表13 当校で開講しているGCSE Citizenship Studies-Short Courseの年間プログラム（KS4）

学年	秋学期1	秋学期2	春学期1	春学期2	夏学期1	夏学期2
10	Rights And Responsibilities	Investigation: Child Labour World Trade	Politics and Government (Local to Global)	Mass Media	The Law	Citizenship Activity: Coursework: Diversity in UK
11	Rights at Work	Citizenship Activity: World Aids Day	Local Agenda21 Case Study	International Relations: Conflict and Cooperation	Revision/ Exam Leave	Exam Leave

当校資料をもとに筆者作成（AQAによるプログラム）

表13は，KS 4で開講しているGCSE（General Certificate of Secondary Education）の年間プログラムである。表にみるとおり，「権利と責任」「調査：児童労働・世界貿易」「政治と政府（地域から世界へ）」「法律」「シティズンシップ活動：英国の多様性」「職場の権利」「シティズンシップ活動：世界エイズディ」「ローカル・アジェンダ21・ケーススタディ」「国際関係：紛争と協力」などのテーマで行われている。気がつくのは，「活動」や「調査」など実習をともなう学習が多くみられることである。したがって日本の公民科のように多くの項目を学習することはできない。ただし，日本では中学3年に「公民的分野」，高校1年に「現代社会」，高校3年に選択で「政治経済」を学習するだけであり，英国のように毎学年の学習をすることはない。日本のこのようなカリキュラムが知識学習に偏らせてしまう原因なのかもしれない。

(b) 授業の状況

今回の視察では，KS 3の「子どもの権利条約」KS 4の「児童労働」の授業を見学した。

KS 3の「子どもの権利条約」の授業では，ワークシートに書かれているストーリーから「子どもの権利」にあてはまる箇所を探し出し，それをもとにグループで話し合いを行っていた。また，ウガンダの子どもと，自分たちの一日の生活との違いを話し合い，子どもの権利条約に則っているかを議論していた。教科書は用いておらず，ワークシートなどの教材は，ユネスコのホームページからダウンロードしているとのことだった。

KS 3の「子供の権利条約」の授業

KS 4の「児童労働」の授業はITルームで行われ，インターネットで児童労働について調べ，わかったことをパワーポイントにまとめていた。たとえば，ロシアのsex tradeや，シエラレオネ共和国の児童労働・児童兵，

Kid nap などを調べていた。授業中や最後に集まって発表し，お互いに調べたことを共有していた。4週間に1度，テーマの学習のまとめを発表することになっている。こちらは GCSE の単位を取得するコースであり，これらの実習も評価される。

ITルームで行われたKS 4の「児童労働」の授業

　授業の評価については，GCSE のマーキングポリシーに沿って行う。①エッセイを書く，②参加・ディスカッション，③プレゼンテーション，の3つの観点から評価されることになっている。

(c) 教科以外の学習や活動について

　Citizenship は KS 3・4 のすべての教科やクロスカリキュラーのテーマに統合されて行われている。たとえば，英語では，紛争解決（conflicts）について話し合い，Citizenship の要素と英語の要素を混ぜている授業がある。その際に Citizenship の評価基準を3段階に簡素化し，他教科の先生でも評価しやすいようになっている。この評価基準を用いて，英語・数学などの授業のなかで当該教科の評価と Citizenship の評価と両方を行う。（英語や数学そのものの評価は5段階で行われる。）評価の観点は，知識と理解，技能（skill），参加と責任ある行動，の3つあり，それぞれに3段階評価がなされる。

　学生生活全般では，学校の規律をまもることや生徒会の活動などがあげられる。ここには校則だけでなく，友達との会話で相手の話をさえぎらずにしっかり聞くといった小さなことも含めている。また，模範的な学生を表彰して校内の壁に貼って表彰してモチベーションを高めている。生徒会の活動では，学校のトイレ・学食の質の改善や，教育・学習の改善の議論まで行う。生徒の代表は教員会議でも発言し，実際の学校の改善にまで生徒の意見が反映されるようになっている。これらの過程から Citizenship を学習できるよう，指導も行っている。

学外活動では、6週間のプログラムでフェアトレードのプロジェクトを行っている。Technology Centerに行ってビデオやインターネットを使って、様々な国の人々と意見交換、ディスカッションを行ったり、基金を集めたりもしている。また、2001年のCitizenshipに関する学会・カンファレンスを学生主催で行ったりもしている。学校を社会の一員と考え、社会貢献活動に参加する意義を理解させることをねらいとしている。

(d) 成果・課題
①当校の副校長によれば、「サッチャー政権当時SociologyがGCSEやナショナル・カリキュラムから外されてしまい、これまで現代の社会について教えることができなかったが、Citizenshipの導入によってそれができるようになったことが最大の成果である」という。この点は、従来から公民科が存在する日本とは異なるところであろうか。
②また、「とくに、移民や貧しい人々の多いこのハックニーという地域で、人種差別（racism）や人種差別反対主義（anti-racism）、文化多様性などについて教える機会が初めてもてた。このようなものを政府が重視している。」とも述べており、前節でも触れたように労働党的色彩も濃く、多文化共生や下級階級のエンパワーメントも意識されているのだろう。生徒によっては、母国がいかに英国や先進国に侵されてきたかを実感させる授業でもあり、憎しみを増加させる一因となる危険も感じる。2005年のロンドンでのテロなど、「国家」の安全のみを考えると保守陣営からは批判があるかもしれない。
③副校長は、課題として「歴史や数学・科学などの他教科の教師が、Citizenshipを教えることが難しい。」「すべての教師の訓練が課題。自信が欠けている。」「年配の先生にはCitizenshipの指導に対応するのはとくにきつい。この学校としてはうまくいっているが、イギリス全体としては課題になっている。」と述べている。Citizenship専門の教員だけでなく、他教科の教員にもCitizenshipの指導の研修が必要であり、この点は大きな課題となっている。

④続く課題として，「かならずしも Citizenship に限ったわけではないが，20人の代表者によるスクール・カウンシルだけでなく，全校生徒を対象にする全校ミーティングを今年から始めた。ここからどうやって意見を吸い上げるか課題になっている。」と述べている。わが国のように全校ミーティングが単なる「朝礼」に留まらない。全員の声が活かされる直接民主制を体感・体験できる場になるか，大いに興味のあるところである。

このように政府の理念と，学校の理念，教科の理念まで1つの柱で通っており，理念軸のはっきりした教育システムは，学習者にとっても，保護者にとっても学校教育や学習の意義がわかりやすい。本来，教育というものはこのようにあるべきであろうが，それだけ時の政権によって左右されやすく，政権交代のたびにシステムが大きく変わるというデメリットもある。[31] また，国への貢献や動員のための教育となる危険性も確かにある。しかしながら，国民の総意と切り離され，有権者や保護者・学習者による教育現場への不満が教育改善に活かされないわが国の状況をみると，英国のような理念軸をともなった教育が必要なのではないかと感じざるをえない。

また，地域社会の問題を探し，解決を図るようなコミュニティ学習（community service）の要素にはやや欠けている印象がある。この点については，第5章でまとめて考察する。

2.2 英国全体での実施状況

① Citizenship の指導形態について

QCA のレポート（QCA[2005]）によれば，2004 年から 2005 年までの間で，90％以上の中等学校が，「KS 3・4 の毎学年で Citizenship の授業を行っている」と回答している。前年度の 80％から増加している。

また，指導の形態でみると，表14 の示すとおり，Citizenship 単独で授業を行っているのは，25％である。PSHE の一部でテーマをはっきり分けて実施しているのが 74％，はっきり線引きせずに実施しているのが 34.3％，他

表14 Citizenshipの授業の実施形態について （ ）は前年度の数字

	Citizenship単独	PSHEのプログラムの一部（テーマをはっきり分けて実施）	PEHEのなかでCitizenshipを線引きせずに実施	他教科のなかで	課外活動
重複回答	25%	74%（84%）	34.3%	42%	49%
主な実施形態	15%	51%	22%	20%	8%

QCA[2005] Citizenship---2004/5 annual report on curriculum and assessmentをもとに筆者作成

教科のなかで実施しているのが42％，課外授業が49％となっている。同じ質問で「主な実施形態」で選択させると課外活動の比率が急激に下がる。[32]

前述のClapton Girls High Schoolの実施形態はKS 3では「PSHEの一部でテーマをはっきり分けて実施している」にあてはまり，最も多い形であることがわかる。KS 4では単独教科で行われており，全国的な傾向からは外れている。1988年当時のナショナル・カリキュラムではCitizenshipがPSE（Personal and Social Education）の1テーマであったことから，多くの学校はPSHEのなかで引き続き行っているものと思われる。単独教科での実施は意欲的な取り組みであるといえるだろう。

他教科のなかで学習する事例として最も多いのが地理と歴史で，地理では，グローバルな問題，持続開発，環境や公害，フェアトレード，資源再生などを扱うものがある。歴史では，選挙，行政，政治システムなどを扱っている。宗教教育ではモラルや紛争解決，英語ではメディアについてを扱う事例がある。（QCA[2004, p.15]）

このほかには，科学と結びついた例をQCAが取り上げている。Tamarside Community Collegeでは，Year7で遺伝と民族的属性を学習し，社会における人種差別について議論する。Year8では，MMRワクチンを受けるべきか，その社会的な影響について話し合う。Year9では，環境問題や地球温暖化についてローカル・アクションやアジェンダ21などを扱う。Year10では，環境汚染対策プロジェクト，Year11では遺伝子操作やクローンの問題について模擬法廷を開いたりしている。（QCA[2004, p.15]）

②課外活動での学習について

　課外活動で行われている例として，KS3・4では，最も多い回答が「模擬選挙」であった。このほか，「シティズンシップ・デイ」「コミュニティ・デイ」「フェアトレード・イベント」「チャリティ，ファンドレイジング活動」「クライム・プリズン・アウェアネス・デイ」「人権デイ，ホロコースト・デイ」「学校議会，若者議会」などである。KS4で目立ったのが，職場・職業に関する回答である。たとえば，「キャリア・デイ」「エンタープライズ・デイ」「産業デイ」「職業体験」などを例にあげ，Citizenshipとは考えるべきでない回答であるとしている。[33]　Citizenshipのための学校集会を行っている学校は85％にものぼり，「月に１回」がもっとも多く，「週に１回」や「学期に１回」は少数派だった。（QCA[2005, p.14]）

表15　Citizenshipに関するおもな課外活動の分類　（網掛け部分はCitizenshipから外れるもの）

特別活動	募金活動	ボランティア・地域活動	政治体験	社会運動	就業体験
・生徒会 ・学校集会	・ファンドレイジング ・チャリティ・イベント，コンサート	・フェアトレード ・コミュニティ・デイ ・シティズンシップ・デイ ・環境保護活動・ロビーイング ・栄養学から食生活への支援 ・シナゴーグへの訪問	・模擬選挙 ・模擬議会 ・若者議会	・人権デイ ・クライム・プリズン・アウェアネス・デイ ・ホロコースト・デイ	・キャリア・デイ ・起業体験 ・産業体験

QCA[2005]およびヒアリングをもとに筆者作成

3．初等教育におけるCitizenship Educationの実施状況

3.1 Sir William Burrough Primary Schoolの事例

　初等教育におけるCitizenship Educationの実施状況を調べるために，Sir William Burrough Primary Schoolを視察した。

　当校には３才〜11才の児童が通っている。３〜５才は幼稚部（KS０），

5〜7才がKS1, 7〜11才がKS2である。この近隣の子供が登校している公立学校である。65％がバングラデッシュ（2世・3世含む）であり、母国語および英語の2ヶ国語を話す。ほかには、白人、アフロカリビアン（アフリカ系カリブ人）、中国、ベトナムなど多くの民族で構成されている。全体で330人の児童がいる。

校長のAvril Newmanによれば、「初等教育では、Citizenshipは必修ではないため、フォーマルな学習はしていないが、社会や学校を通して、子ども同士のお互いの行動から、大人の行動や学校の先生からCitizenshipを学んでいる」とのことである。

表16　Sir William Burrough Primary SchoolでのCitizenshipの学習・活動

特別活動・学内活動	ゲスト・ティーチャー	課外活動
・生徒会 ・プレイグラウンドでの規律維持 ・ゲストへのアテンド ・ストーリー・ライティング（旅行の体験を作文）	・金融街のサラリーマンによるチェスクラブ、リーディング・パートナー（読み聞かせ） ・ナショナル・シアター、シェイクスピア（グローブシアター）、ブリティッシュ・カウンシル、芸術グループ・団体、アーツカウンシルとの連携	・ホワイト・バンド活動 ・収穫（harvest）の活動。家から食べ物を持ってきて、地域のまずしい人に配る ・パキスタンの地震では国に支援。貧困国にも支援 ・地域とのリサイクル活動 ・学校の合唱団を病院、幼稚園、ビジネスセクターなどに派遣

ヒアリングをもとに筆者作成

表16は、当校でのCitizenshipの学習・活動を分類したものである。PSHEのような授業のなかでの学習はなく、回答は学内外の活動のみに限られている。しかし、OFSTED（教育基準局）からもexcellentの評価を受けており、他校でも同様かそれ以下の実践なのだろう。

これまで英国の小学校では、日本の社会科のような現代の社会事象について学ぶ教科は存在しなかった。当校の実践も、わが国の総合的な学習に近く、そこに「Active Citizenshipの育成」という柱（理念）を持たせたものと考えればよいだろう。

また，実際に見学し，ヒアリングした印象では，「学校からコミュニティへの参加」（community service）はあまりないように感じた。とくに「地域の問題を発見し，それを解決する」ような活動が少ないように思われる。（第5章参照）

3.2 英国全体での実施状況と課題

QCA[2005]によれば，多くの小学校がPSHEとCitizenshipの区別がついていない，ということであり，多くの小学校の担当者が教科として独立すべきとの見解を示している。教科独立のメリットとして，以下をあげている。（QCA[2005, p.8]）
・小学校でのCitizenshipの地位が上がる。
・CitizenshipとPSHEの区別がはっきりする。
・必修であるKS 3のCitizenshipへの接続がよくなる。
・子どものCitizenshipの評価が上がったことを保護者に認めてもらうことで，質の向上を図れる。

4．教員養成について

現在，中等教育では，Citizenshipが「教科単独で」「他教科のなかで」「PHSEのなかで」「課外活動で」といったさまざまな形態で授業が行われていることはこれまで述べてきた。それでは，Citizenshipの指導にあたる教員の状況はどのようになっているだろうか。

22％がCitizenship専門の教員，78％が他教科の教員，62％がクラス・チューター，40％がPSHEの教員によってCitizenshipの授業が行われている。前年度から比べると，すべてにおいて人数が増えている。

表17 Citizenshipの指導にあたる教員の状況（KS3・4）（ ）は前年度

Citizenship専門の教員	他教科の教員	クラス・チューター	PSHEの教員
22%（7%）	78%（25%）	62%（36%）	40%（25%）

QCA[2005]をもとに筆者作成

また，Citizenship 専門の教員をもつ中等学校のうち，13％が1人，5％が2人，2％が3人以上の教員を抱えていると QCA の調べに回答している。
　しかし，"専門"というのもあいまいであり，90％の学校は，Citizenship の PGCE（教職資格）をもつ教員がいない。ほとんどの学校は，Citizenship に関連する教科の専門であったり，Citizenship を何年間か教えているということだけで"専門家"として回答している状況である。（QCA[2005, p.15]）
　実際，現在 PGCE の Citizenship 資格をもつ教員は 850 人いる。（QCA[2005, p.15]）イングランドだけでも 3500 の公立学校があるといわれ，圧倒的に不足の状況にある。前年度に新しく資格を取得したのが 211 人であり，毎年 200 人程度の増加するペースである。（QCA[2004, p.12]）
　ロンドン大学教育研究所の Hugh Starkey によれば，このほかに現職教員向けの養成システムがあるという。[34]
・現職の教員が PGCE を取れる大学が，バーミンガム大学，マンチェスター大学，ロンドン大学であり，このほかにインターネットによる遠距離教育でも資格を取ることができる。
・これが，いま MA course（Citizenship）にも発展しており，こちらでは degree が取れる。このなかの1つのモジュールには，Citizenship の教授法の入門コースがある。そのなかに，さまざまな学習・指導などのマテリアルが扱われている。
・遠隔教育システムの受講者は 24 人，ニュージーランド，中国，パキスタン，インド，ケニア，ナイジェリア，エストニア，トルクメニスタン，イタリア，フランス，ベルギー，メキシコなどから。英国人生徒は 10 人。さまざまな状況から受講している。まさにコスモポリタンな環境にある。
　このように，遠隔教育システムも用いて，大幅に Citizenship 教員の数を増やそうとしているところであるが，なかなか追いつかない状況にある。

5．非営利組織との連携について

　現在，英国の教育は，さまざまな外部団体によって支えられている。たと

えば，GCSE や A レベルなどの入試や卒業資格での評価は，AQA, OCR, Edexcel の 3 団体が行っている。教科書は国による検定は行われず，営利企業だけでなく NGO・チャリティ団体など，多くの団体・企業から発行されており，競争原理が働いている。教科 Citizenship についても，教材の提供，授業の企画・実施，研修・イベントの実施などさまざまな形で外部の団体が関わっている。本節ではとくに非営利組織との連携について考察する。

① CSV（Community Service Volunteers）

Citizenship Education にも多くの団体がさまざまな形で協力・支援している。そのなかでも CSV（Community Service Volunteers），Citizenship Foundation, ACT（Association for Citizenship Teaching）を訪問し，ヒアリングを行った。

CSV は，イギリスで最大のチャリティ団体であり，設立 40 年になる。ボランティア活動の開拓・斡旋については草分け的な存在である。ＢＢＣの 36 の地方局に，ソーシャルアクション・ブロードキャストデスクを置き，広い年代層，異なるバックグランドをもつ地域の人々を対象にボランティアの斡旋や，地域サービスの促進（表彰・連携）などを行なっている。2005 年はスペシャルイヤーであり，内務省（home office）から助成金を月ごとに得て，毎月テーマをもってボランティア活動を促進している。10 月は「シティズンシップとコミュニティ」，11 月は「ヨーロッパ」，12 月は「動物愛護」であった。

シティズンシップ教育部門は設立 30 年になる。それまでは，学生や中高年者が小中学生の面倒を見る「チュータリング・プログラム」などを行なっていた。そこから広がって，2000 年から現在は初等学校・中等学校に焦点をあてた活動に広がっている。たとえばＣＤ－ＲＯＭを作って，教員が指導に用いるためのリソースを学校に提供している。このほか，生徒が参加できるボランティアプログラムを開発したり，教員がプログラムをつくる支援を行っている。

CSV の Peter Hayes は，現在の課題について，「CSV は政府や企業から独立した団体であり，核となるファンドが確保されているわけではない。政府からの助成はあるが，民間などのさまざまな団体から基金を集めないといけない。基金が不足している状態が，2000 年から続いている。政府に助成金を増やすように交渉している。これがシティズンシップを発展させるための課題になっている」と述べており，じつはかなり財政が逼迫しているようであった。実際，教育部門への予算は全体の 1.9％しかない。このような状況で，次に紹介する Citizenship Foundation に勢いでは負けてしまっている。

表 18　Citizenship Education を支援する外部組織

	CSV	Citizenship Foundation	Association for Citizenship Teaching
活動理念	ボランティア活動の開拓・斡旋	法・政治教育の普及	Citizenship 教員の育成
組織形態	チャリティ団体	財団	Association
人員・予算規模	ＢＢＣの36の地方局にソーシャルアクション・ブロードキャストデスクを設置。4 億 5800 万ポンド。スタッフ 920 人。ボランティア 22700 人。	35 名 2700 万ポンド	会員 800 名，スタッフ 2 名
教員・学校向けリソースの提供	・指導用リソースの作成， ・生徒が参加できる活動を準備する。	・ウェブサイトによる情報提供 ・First Friday Seminar ・ティーチャートレーニング ・「Young Citizen's Passport」「Citizens and Society」の出版	・年間 3 回の会誌発行　教員へのアドバイス ・ウェブ・メールによる情報提供 ・ビデオ・CD-ROM の提供 ・教育委員会と提携しての教員養成
生徒向け校内学習プログラム	・学生どうしで相談に乗りあうチュータリングやメンタリングのサポート	・Twinning: 弁護士を派遣しワークショップ	

	CSV	Citizenship Foundation	Association for Citizenship Teaching
生徒向け学外活動プログラム	・市民活動に従事していない若者に参加させるようにサポートしている。 ・毎月テーマをもってボランティア活動を支援している。(課外活動として参加) ・Break Fast Club による朝食の提供や，放課後の夜8時までのスポーツ・レジャーなどのアクティビティの支援。	・Giving Nation (チャリティ，コミュニティ・アクション) ・模擬法廷コンペティション ・模擬国会コンペティション ・ポリティカル・ジャーナル・コンペティション ・Citizens' Days ・money money money (金融教育のプログラム) ・人権についてのホリディワーク 難民や亡命者の教育ニーズに対してなど ・他の国での国際的活動 ・Youth Act	
研究・その他	・ボランティア番組の制作 ・青少年の更正プログラム，失業対策 ・16～35歳に1年間のフルタイムボランティアの機会提供	民主主義が発展途上である中央ヨーロッパや中東に対するリサーチ・支援	

ヒアリング及び配布資料をもとに筆者作成

② Citizenship Foundation

　Citizenship Foundation は，1984年設立の独立チャリティ機関（財団）である。教師2人，弁護士1人の3人で開始し，3名ともまだ在籍している。生徒に法律を教える教育プログラムを提供するために始めたものである。(このときには，Law in Education Project (1984-1987) という名称) 現在はスタッフ35名。年間収入は，2700万ポンドである。

　本団体は法律の専門的見地からさまざまな活動を行っている。テキストブックの発行を行ったり，若者に対してハンドブック (Young Citizen's Passport) を直接配布している。政府や地方自治体の Citizenship Education について，ロビー活動や提言・助言を行っている。チャリティプロジェクトとして，模擬国会コンペティション，ポリティカル・ジャーナル・コンペティ

ション，模擬法廷コンペティションなど，若者が参加できる実践的な学習プログラムを行っている。教員の研修およびそのリソースの出版・情報発信を行っている。

　国際的な取り組みとして，民主主義が発展途上である中央ヨーロッパや中東に対するリサーチ・支援などの国際的な活動も行っている。人権，法教育，政治教育や，増えつつあるのはファイナンシャル・シティズンシップ（金融教育）のプロジェクトであるという。

③ ACT（Association for Citizenship Teaching）

　ACT（Association for Citizenship Teaching）は，Citizenship を指導する教員の育成のための団体である。有料の会員制で年間３回の会誌を発行している。

　学校の教員と話し合う機会をもち，アドバイスやトレーニングも行っている。また，他の教科を受けもっていた教員に対する継続的なトレーニング（Continuing Professional Development：CPD）の機会を与えている。ウェブ，E-mail によるメンバーへの情報提供，イベント，特集などの案内を行っている。

　ACT と Citizenship Foundation が連携して，シティズンシップの教育目的と，実際の現場とのギャップを埋めるためのリソースを発行している。OFSTED や政府の資料などを参考に，指導書のようなものも作っている。Citizenship の指導に自信をもてない教員へのアドバイスや支援も行っている。たとえば，政治的リテラシーについて苦手意識のある教員のために，ＢＢＣと協力してビデオ・ＣＤ－ＲＯＭを作っている。

　ACT の Alice Dorsett は Citizenship の今後の課題について次のように述べている。

- ・OFSTED の検査結果によれば，規準を満たしている学校は半分しかない。改善も期待しているほどになっていない。資格をもった先生が少ないのが現状。先生の教育がやはり必要である。
- ・ACT の活動を広げていきたい。最初にあげた ACT の３つの地域（北東，北西，南西エリア）を拡大したい。CSV, Citizenship Foundation とのネッ

トワークを拡大したい。スタッフが2人しかいないので、そのほかの有識者などとのネットワークを広げトレーニングを広めたい。

④その他の団体について

このほかにもさまざまな組織があり、Citizenship Education の支援を行っている。とくに、人権保護や環境保護、グローバル教育などのシングル・イシューを扱う NGO やチャリティ団体は熱心に教材提供やイベントの企画を行っている。表19は Crick Report にあげられている3つのキーワード「コミュニティとの関わり」「政治的リテラシー」「社会的・倫理的責任」による分類をしたものである。

表19 Crick Report の3つの柱で整理した分類

	Strand（柱）	団体名	主な活動
Local	コミュニティとの関わり	・Community Service Volunteers	・ボランティア活動への参加支援
National	政治的リテラシー	・The Hansard Sciety ・Citizenship Foundation	・政治教育、議員を学校に派遣 ・法・政治教育
Global	社会的倫理的責任	・Oxfam ・UNESCO ・Amnesty International ・Save the Children	・グローバル教育の教材提供 ・人権、グローバル教育の教材提供 ・人権教育 ・子どもの権利についてのイベント

ヒアリングをもとに筆者作成

このほかに教材作成、提供サービスの種類による分類をすると次のようになる。

表20 Citizenship Education への提供サービスの種別による分類

提供サービス	団体名
学校プログラム	・The Citizenship Foundation
教員養成	・CITIZED ・Association for Citizenship Teachers
学習リソース	・Global Dimension ・Institute for Citizenship

筆者作成

6．見えない学力を見る評価－コースワーク評価－

　英国では，大学入試や中等学校の修了資格の認定は，Examination Board とよばれる試験団体が行っている。英国には AQA，Edexcel，OCR[35] などがあり，GCSE（中等教育修了資格）や A レベルテストを実施している。筆者は 2005 年 10 月 31 日，Edexcel の Brian Ingram にヒアリングを行った。

　Edexcel は英国最大の資格認定団体であり，学術資格や職業資格を幅広く扱っている。Edexcel のウェブサイトによれば，4200 以上の中等学校，450 以上の継続教育カレッジ（further education colleges），80 以上の高等教育機関（higher education institutions）と，700 以上の公共団体，企業の雇用者，e-ラーニング提供業者が利用しているとのことである。[36]

　現在，Citizenship は GCSE（中等教育修了資格）の試験科目に採用されている。この試験の作成の際に使用している評価・指導の資料は QCA[37] が承認したものである。5 年毎に見直しを行っており，現在 3 年目（ヒアリング時）になる。GCSE はペーパーテストだけでなく，コースワークというパフォーマンス評価[38] を試験に取り入れているのが特徴であり，生徒の所属する学校内で教員が評価を行う。この基準にもとづいて，年間 45 時間の Short Course の授業が行われる。（通常コースは年間 90 時間）

　Edexcel[2002] に，このテストの特徴（Key feature）としてあげられているのは，
・ナショナル・カリキュラムの KS 4 Citizenship 学習プログラムにもとづいている。
・学校教育の Citizenship の指導や学習の際の，最良の実践にもとづいている。
・時事的で活きのよいテーマを用いている。
・あらゆる能力の学生を伸ばすように構成されている。
・内部評価は柔軟かつ革新的であり，ICT・口頭での発表を積極的に認めている。
・カリキュラムの必修部分の評価が可能である。

・学内外の活動ともに，Citizenship の活動と認められる。
・Specification guide, textbook, teachers support は入手可能である。
・英語，地理，歴史，宗教学など，カリキュラムの他の分野ともリンクしている。
・キー・スキルを教授する機会を提供する。

となっている。また評価スキームの概要としては表21のとおり，1時間15分の筆記試験が60％，内部評価（ポートフォリオ）が40％で構成されている。

表21　評価スキームの概要　(Summary of scheme of assessment)

試験	評価モジュール	比重	評価担当
1	筆記試験（1時間15分）	60％	Edexcel
2	内部評価ポートフォリオ （立証のため4ページの回答用紙に記入する）	40％	担当教員

Specification – Edexcel GCSE in Citizenship Studies – Short Course (1280) - Issue 1 – April 2002 をもとに筆者作成

①筆記試験

　筆記試験は，SectionA，Section B，Section C に分かれており，Section A は生徒が学校やコミュニティで行った活動について記述させる。よい参加を行っているか，その活動について理解をしているかを評価されるだけでなく，他人の考え・経験を認め，他者への貢献の価値を理解しているかなども評価の対象になる。Section B は，グラフ，図，写真，絵，文章などのデータにもとづいて，問いに答える短答型の問題である。ここでは3つのテーマ（①人権，②権力，政治，メディア，③地球市民村）から選ばれる。SectionC はそれぞれのテーマに対応する短答記述問題3題，それに加えて論述問題1題が出題される。論述問題は，3つのテーマのうち1題を選択する。

　各設問の内容は表22に示した。「多国籍企業に対する規制」「フェアトレードのしくみ」「国連の意思決定」「圧力団体」…など，政治や経済の制度というよりも，現在の社会問題に対する背景を読み取ったり，自分なりの見解を

表22　GCSE 筆記試験の内容

Section	設問		試験内容
SectionA	1		自分の参加した Citizenship Activity を説明し，自分の役割，達成したこと，評価，見解などを記述する。
SectionB	2	資料 A	「英国の風力発電エネルギー計画」を読み，使われている用語を説明する。なぜ施設が必要かを説明する。
	3	資料 B	「中国兵が戦争で荒廃したアフリカに出兵する」の記事と写真を読み，理由を書く。国連の意思決定における英国の役割を説明する。
	4	資料 C	「多国籍企業の権利と責任」を読み，「株主」「多国籍企業」の意味を選択する。途上国へ生産移転する理由を書く。多国籍企業の責任の例，無責任の例をあげ，説明する。政府が多国籍企業を規制する困難さについて説明する。
	5	資料 D	「フェアトレード企業−カフェ・ダイレクト」を読み，近年のコーヒー価格下落の理由を説明する。コーヒーが1ポンドで売れると，産地の農家は何％受け取れるかを答える。フェアトレードを通すと何ペンス増しで受け取れるかを答える。フェアトレード企業の売り上げが上昇している理由を書く。自由貿易とフェアトレードの違いを説明する。
SectionC	6	テーマ1 人権	「労働者の解雇と余剰人員との違いは何か」「障害者差別禁止法のもと市民に与えられる権利をあげよ」「陪審員とは何か」「法廷弁護士と事務弁護士の違いは何か」「エスニック・マイノリティとは何か」「新しいデジカメを買ったが故障で動かない。お店は取替えか，商品券か，修理と言う。自分は返金して欲しい。あなたの権利は？」
	7	テーマ2 権力，政治，メディア	「総選挙で最大多数を取りそうな政党」「圧力団体ではないものを選べ」「比例代表制を用いる議会選挙を選べ」「総選挙は何年に1回行われるか」「行政に不公平に扱われている地域住民に対して国会議員が取りうる行動を2つあげよ」「高級紙と大衆紙の違いを2つあげよ」
	8	テーマ3 地球市民村	「2004年にEUに加盟した国を選べ」「国連とEUの違いを一つあげて説明せよ」「経済後進国の負債を免除すべきという意見がときどきあるがその理由を述べよ」
	9	テーマ1 人権	「法は絶対に破ってはいけない」に対する賛否とその理由を例をあげて説明する。
	10	テーマ2 権力，政治，メディア	「2004年に30歳以下の国会議員が1人しかいなかった。60歳以上の国会議員を減らしもっと若い議員を増やす必要がある」に対する賛否とその理由を例をあげて説明する。
	11	テーマ3 地球市民村	「21世紀の英連邦に何の実用価値もない」に対する賛否とその理由を例をあげて説明する。

3280/01　Edexcel GCSE Citizenship Studies (Short Course) —Friday 10 June 2005

述べるような問題が多い。このような出題の仕方はわが国では,「学習者が勉強しにくい」という理由から避けられがちである。また,とくに圧力団体など,権力関係・構造を扱う例はわが国では政治的な配慮から,あまり行なわれていないし,授業で行なわれていたとしても,公的な試験で出題されることはまずないだろう。

②内部評価

　生徒は,学校内やコミュニティの活動に参加し,その活動の過程の振り返りを行なうことが必要とされる。その内容を用紙に記入する。この用紙は4つのセクションに分かれており,その内容は表23のようになっている。Section 3につける補強証拠は,活動に用いた著作物,質問票,パワーポイント,打ち合わせのアジェンダや議事録,ビデオ,CD-ROM,手紙,写真,横断幕,ウェブページ,音声記録,文書記録など様々な形式が認められている。

　評価は各学校の教員が行ない,Edexcelはその質を間接的に評価する。また,評価の際に担当者が集まり,モデレーションとよばれる評価基準のすり合わせ作業が行なわれる。これによって,学校や評価担当者による評価のバラツキを最小限に抑えている。[39]

表23　内部評価記入用紙の内容

	項目名	記入内容
Front Sheet	フロントシート	自身の名前,活動の種別,自身の役割,自身および教員の署名などを記入する。
Section 1	計画	自身の担当,他の人の分担,各段階での計画などを記入する。
Section 2	活動記録	活動の実行段階で,参加した活動のリスト,計画がどのように変化したか,何を達成しようとしていたかなどを記入する。
Section 3	コミュニケーション（補強証拠をつける）	補強証拠や,活動の成果物,使用資料などのリストをあげ,それらをどのように用いたか,作り出したかを記入する。
Section 4	評価	自身の活動への貢献,他者の貢献など評価し記入する。

Specification – Edexcel GCSE in Citizenship Studies – Short Course（1280）– Issue 1 – April 2002 をもとに筆者作成

学生が記述した活動の事例としては,
・fund-raising 募金を集める策を学生が発案し,実行する。20マイル歩くイベントを開催。「完走したら寄付してください」と宣伝。集まったお金を津波災害の復興に寄付する。
・老人ホームへの慰問,ダンス発表
・栄養学を学んだ学生が,小さい子ども・お年寄り・偏食がちの人々に,少ないお金でどうバランスのよい食事を採れるかをアドバイス,支援する,買い物につきあい,料理を手伝う。

などの例があげられている。[40] 英国では,このように筆記試験だけでなく,学内外での活動を多面的に評価するシステムがある。わが国のテスト機関としては,大学入試センターがあるが,大学入試センター試験は全問マークシートの試験である。英国では全問記述で行なわれ,なおかつコースワークによる活動の評価が行なわれるところに大きな違いがある。暗記力やテストのテクニックを競うような受験体制にはなっていないのである。

③今後の課題・対応など
　Edexcel の Brian Ingram は,今後の課題や対応について次のように述べている。
　・16歳以降の対応も求められている。あまりやりたくないが…。宗教教育プログラムの作成が求められ,宗教的背景や,互いの考えの違いについての理解を深めることが目的とされている。(インタビューがちょうどテロの後であり,おそらくテロ後の対応ではないか)
　・評価の際に Edexcel から人材を派遣しているが,コストがかかる。オンラインで評価できるように考えている。メリットとしては,これまで年1回(10月)であった試験を,平等に個人が受けるにふさわしい時期に受けることができる。これまでは,受けそびれると単位がとれなかった。来年9月実施に向けて準備している。
　・国際的なインターンシップを導入したい。パキスタン人を安い賃金で

雇っている倫理性，為替によって生じる金について理解させたい。資源を安く仕入れ，英国主導の契約にして儲けている。日本車の輸入，マクドナルドなど，国際理解に役立つものも多い。
・労働法による8時間労働など，法規則について理解させたい。公共の場所での禁煙の法案が通る。この是非はわからないが，知識を与え，守る責任，変える権利，両方を理解させたい。
・統計学の知識を要求されることが多いが，教えられる教師がいない。専門家を呼んでこないといけない。

25　筆者ヒアリングによる。
26　日米のCivic Educationと，英国のCivic Educationは成り立ちから違うこともあり，名称が同じでも別物ととらえておいたほうがよいだろう。
27　筆者ヒアリングによる。
28　サービス・ラーニングそのものが奉仕・愛国的な目的で行なうものではないが，州によってはそのようにとらえているようだ。
29　わが国では2006年に教育基本法の改正が行なわれたが，前者の国民国家モデルを引き続き踏襲しているように思われる。
30　General Certificate of Secondary Educationの略。GCSEは中等教育の修了資格であり，各校はそれに対応する授業を開講し授業内の評価を行い，ペーパーテストによる評価と合わせて修了資格が認定される。(本章7節を参照)
31　本校は，地域運営学校(community school)であり，学校理事会による運営がなされている。予算権，人事権ともに学校にあり，政権によるコントロールだけでなく，保護者や地域住民による学校自治が行われている。このことから地域の理念もCitizenshipに反映されるといってよいだろう。
32　全てを加えると100%を超えることから，1つの選択肢のみを選択というわけではないようである。
33　職業体験に関する教科は，Work-related learningが別に存在している。
34　筆者ヒアリングによる。
35　このほかにWJEC，NEBOSH，CCEAもある。
36　http://www.edexcel.org.uk/
37　Qualifications and Curriculum Authority（資格・教育課程局）　政府系機関であり，カリキュラムの作成を行っている。
38　学習の達成度を評価する際に，その能力を実際に行うことができるかを評価しようとするものをパフォーマンス評価という。たとえば，理科の実験器具の扱い方をペーパーテストで評価するのではなく，実験器具を扱わせて評価する。(鈴木秀幸訳[2001,p.246]，『新しい評価を求めて－テスト教育の終焉』，論創社)
39　評価に妥当性・正当性をもたせる工夫についてはC. Gipps [1994]に詳細に記されている。参照されたい。
40　Edexcelに対する筆者ヒアリングによる。

第5章　Citizenship Education の導入，その現状と課題

1．英国における現状と課題

　ここまで述べてきたように，英国の Citizenship Education の課題として以下のものがあげられる。
- 「地域の課題を発見し，その解決を試みるような学習」があまり見られない。
- Citizenship 専門教員の大幅な不足，理解できる教員が少ない。他教科の教員や年配の教員が自信をなくしてしまっている。
- OFSTED の検査結果によれば，規準を満たしている学校は半分しかない。
- 小学校では，PSHE と Citizenship の区別がつかない教員が多い。多くの担当者が単独教科化を望んでいる。
- チャリティ団体 CSV が資金不足に陥っているように，政府や市民からの市民団体への支援が足りない。

「学校から地域へ参加する学習」が，視察した2校ではあまり見られなかったことについて，筆者が Association for Citizenship Teaching の Alice Dorsett にたずねると，彼女は以下のような意見を述べた。
- ＮＦＥＲ（National Foundation of Educational Research）の報告書でも，地域での学習が一番弱いとのことだった。参加型が重要といったにもかかわらず残念である。逆に，地域の人々を学校に迎え入れる形式が多い。
- 子どもを外に連れ出すリスクがやはり問題になっている。

　とくに移民の多い地域は，近隣との紛争などがあり危険も大きいという。このような状況では，わが国の「総合的な学習」のほうが進んだ事例が多い。地域が安心・安全に暮らせる状況にないと，学校も思い切った取り組みができない。教育だけでなく政策全体で地域を支える必要がある。

2．Citizenship の理念そのものの意義

一方，Citizenship Education を導入した成果として Citizenship Foundation の Tony Breslin は次のように述べている。

> 英国では法律や政治，社会についての教育カリキュラムが時間割にこれまでなかった。投票率の低さ，若者の反社会的行動，コミュニティの安全，態度の悪さなどに対する学校教育が必要であると多くの人々が感じていた。Citizenship は，このようなニーズに応えたものである。Crick Report では，「政治的リテラシー」，「コミュニティとの関わり」，「社会的・倫理的責任」のキーワードがあげられ，学生に知識だけでなく，スキルや態度をもたせることをねらいとしている。また，政治文化を変える必要があると述べられている。Citizenship Education は 3 年前に始まったばかり。数学は 200 年も教えられている。まだ時間がかかるであろう。ゆっくりながら確実に質は向上している。4 分の 1 が水準より上，4 分の 1 がそれより下，のこりの 2 分の 1 が中間，という状況にある。半分くらいは水準に達しているだろう。

このように，これまで教えてこられなかった現代社会に関する教科ができたことを評価する声が多い。そして，課題となっていることのほとんどは，新教科ゆえのものである。現時点ですでに社会科や公民科が存在するわが国の状況とは全く異なるが，このような課題があるゆえに Citizenship Education が不必要であるとの結論を導くことはできない。

何より意識しなければならないのは，ポスト福祉国家社会において，国家が黙っていても公共領域や，自分の身の回りや将来・老後のことを世話してくれる時代ではなくなってきたことである。いままで以上にだれもが支えあい，力をあわせて暮らす必要に迫られている。

このような社会であるとの認識を共有し，その理念が社会全体，そして学校に，そして教科教育に共有され，一本の柱として打ち立ったとき，個々のシティズンシップを育む意義と公教育の意義が成立するのではないだろうか。

第6章　わが国における教育の今後の改善にむけて

1．カリキュラム策定の主体について

　カリキュラム策定の主体については，国，自治体，学校，および国際カリキュラムの4種類が考えられる。ここでは，①国，②自治体，③学校のそれぞれをカリキュラムの作成主体とした際のメリット・デメリットを考察する。国際カリキュラムについては，これらの議論のなかで補足的に考察を加える。（表24を参照）

①国のカリキュラムに取り入れる

　国定カリキュラムのなかにCitizenship Educationを正規教科として取り入れる場合には，ナショナリズムや奉仕活動の取り扱いに注意しなければならない。そのためには，人権や文化観，奉仕観については，国連やUNESCOなどで批准した国際条約，協定に合わせ，多様な人々に共通する権利，価値観，宗教観を普遍化し，カリキュラムのなかに取り入れるべきである。英国の事例においても，EU統合の動きと切り離せず，国家的価値観だけでCitizenship Educationは進められない。したがって，国際的，普遍的分野においては国際カリキュラムをミニマムスタンダードに据えるのが理想的である。

　また，Citizenshipを理念軸にしたカリキュラム，学校教育，教科教育は，政権交代によってその軸がつねに大きく揺らぐ危険性がある。有権者は，中長期の基本計画やマニフェストに注意を払い政権を選択し，政策決定者も中長期の基本計画を示す必要がある。そして，基本計画策定の段階から市民が関与し，意見を反映できるシステムも必要だろう。

②地方自治体のカリキュラムを作成する

　もうひとつには，Citizenship Educationを地域のカリキュラムにすること

である。このメリットは，地域の独自性や，地域の未来をもとに教科をデザインできることである。わがまちを愛する住民どうしが力をあわせ，まちを育てあうことを目指す。住民が作ったカリキュラムが，自治基本条例とともに地域やまちのシンボルになるかもしれない。そのためには，カリキュラムを設定する地域をアイデンティティの範囲にそろえる必要がある。広域自治体で定めるよりも基礎自治体レベルでカリキュラムを作るほうが望ましいといえるだろう。

　ただし，そのときには教育長を公選制にするか，教育委員会を行政に統合し，自治体行政の理念と一致させる必要がある。その地域に住む有権者の意思が，教育・教科理念と内容に反映されるようにしなければならない。

③学校独自のカリキュラムを作成する
　学校独自のカリキュラムとして Citizenship を導入することも考えられる。その場合には，その理念を住民や保護者が選択したり，その理念の作成に参加できるように，学校選択制にするか，学校理事会制度を取り入れる必要がある。学校選択制の場合には保護者と学校の理念の合致が可能になるが，地域性は反映されない。地域の力を育むためには，学校理事会制度によって地域と保護者の総意のもと，地域と学校の理念を一致させることが望ましい。そのうえで，学校全体に「積極的・活動的な市民の育成」という Citizenship の理念を掲げ，教科 Citizenship を導入するのである。（表24参照）

表24 カリキュラムの策定主体とメリット・デメリット

策定主体	メリット	デメリット	備考（取り扱いの注意点）
国連等の国際機関	・人権，多文化，国際協調などは，国際条約や協定にあわせ，普遍化しやすい。 ・歴史観などで近隣諸国との紛争を防げる。	・自国の国益が反映されない。 ・各国家間の調整が難しい。各国家の力関係に影響を受けやすい。	・各国の発言力が同じになるように調整が必要。
国	・教育の質の保証を国家が担保できる。 ・予算，効率性 ・均一性	・ナショナリズムや奉仕活動の押しつけとなる危険がある。 ・政権交代によってカリキュラムの理念軸がつねに大きく揺らぐ危険性がある。	・中長期の基本計画やマニフェストなどで，国民が関与し，意見を反映できるようにすべき。
地方自治体	・地域の独自性や，地域の未来をもとに教科をデザインできる。 ・自治体の理念と教科の理念を一致させることができ，自治基本条例とともに地域のシンボルになる。	・基礎自治体レベルでも，イデオロギー対決の場となる恐れがある。	・地域との密着度から基礎自治体レベルでカリキュラムを作るほうが望ましい。 ・教育長公選制や，教育委員会と行政の統合など，自治体行政の理念と教育行政の理念を一致させる工夫が必要。
学校	・校区（住民自治区）にあった理念やアイデンティティを活かせる。 ・地域のシンボル的教科を創ることができる。	・カリキュラムの策定や運営理念をめぐって学校がイデオロギー対決の場となる恐れもある。	・その理念を住民や保護者が選択できるように，学校選択制にするか，学校理事会制度を取り入れる必要がある。
	＜学校選択制＞ ・策定されたカリキュラムや理念が，各学校の特色となり，選択の材料にできる。	・（選択制そのもののもつデメリットであるが）選択によって地域とのつながりが弱まる恐れもある。	・地域性を学校選択の際の売りにすることもできるので，取り扱いによる。
	＜学校理事会制度＞ ・地域住民と保護者の総意によって，手づくりの学校運営とカリキュラム策定ができる。	・異なる意見をもつ住民が排除される恐れもある。	・地域の力を育むためには，学校理事会制度によって地域と保護者の総意のもと，地域と学校の理念を一致させることが望ましい。

2．学習の改善にむけて

①カリキュラム策定・実施者は，学習評価にコースワークを取り入れ，入試に活かせるようにすべきである。できれば，英国のように数団体の教育評価団体が存在することが望ましい。そのことによって，学習過程や活動過程も入学試験での評価対象になる。児童・生徒が実際に社会に参加するスキルを養えるように，暗記中心のテスト勉強だけでなく，Citizenshipでの活動を評価できるようにすべきである。このような学習過程評価は他の教科や総合的な学習でも有効であろう。

②Citizenshipや総合的な学習に，コーディネーターが必要である。専門の教師を育成するのもよいが，PTAや町内会など地域の人材を活用したり，社会教育主事や図書館司書，学芸員など地域の社会教育と関わってきた人材を活かすほうが，学校と社会のネットワークを広げることができるだろう。課外活動や大人も子どもも一緒になって学習できるように，行政主体は，学社連携や地元大学，企業などさまざまな機関との連携を探る必要がある。

　また，コーディネーターにも，「地域と学校の調整役」，「教材の開発や専門家との調整役」の2種類がある。各者の強みを活かせるように工夫が必要である。

③NPOによる学校教育への関与は，わが国でも増加している。しかし，金融教育，国際理解教育，人権教育，法教育，など，シングル・イシューや特定分野のアドボカシー活動の一環とも思えるような教育活動も多い。また，単に学校にゲスト・ティーチャーを派遣し，生徒に話を聞かせるだけの活動も多い。児童・生徒のシティズンシップの育成を理念に据え，それを柱にバラバラとなったイシューをひとつにまとめる必要がある。NPOの担当者は，このような「積極的・活動的な市民」の育成の視点をもって活動を再構築すべきである。

3. おわりに

　本稿ではこれまで，日英の事例を対比させながら，わが国におけるCitizenship Educationの導入の可能性を探ってきた。英国ではナショナル・カリキュラムにCitizenshipが設定されており，国家レベルでの取り組みとなっているのに対し，わが国で始まった「市民科」の取り組みは，地方自治体が主体となっている。つまり，地方分権の流れのなかで，地域の特色あるまちづくりや教育政策が求められ，その一環として「市民科」カリキュラムが採用されているのである。[41] 現在，公立学校単独では，はっきりと「市民科」の取り組みを打ち出している学校は見受けられないが，「特色ある学校づくり」が求められる今後，学校レベルでも取り組みが始まるものと思われる。正式なカリキュラムとして採用するには，大幅な規制緩和や学校への権限委譲が必要となるが，「総合的な学習の時間」の枠組みを用いれば，すぐにでも採用することはできる。自治基本条例やまちづくり条例のように，地域やまちのシンボルとなるような取り組みを期待したい。

　本稿を締めくくるにあたって，本稿における課題を未整理な部分を含めて説明する必要がある。まず，議論の複雑化を避けるため，「道徳」や「総合的な学習の時間」についての分析をかなり省いており，わが国の社会科・公民科を中心に英国のCitizenshipとの対比を行うこととなった。とくに「総合的な学習」においては，全国でも多くの活発な実践が行われており，「政治的リテラシーの育成」という点では足りないまでも，「地域への社会参加」という点ではとても面白い事例が見受けられる。[42] 道徳についても，正式教科化の動きや奉仕活動の必修化など，注目すべき動きが多い。引き続き動向に注意していきたい。

　次に，英国視察の日程の都合上，プライマリー・スクール，セカンダリー・スクール各1校しか学校視察ができなかったことがあげられる。英国には，公立学校の運営形態や設立形態が何種類もあり，それぞれが保護者や児童生徒の選択にたえるために特色を打ち出している。見学のチャンスがある限り

今後も視察を重ねたい。

　3つ目としては，カリキュラムの詳細な比較を行うことができなかったことである。これは筆者の力不足であるとともに，教育学的な分析に偏ることを恐れたこともある。

　最後に，政治学や社会学をはじめさまざまな研究分野でシティズンシップ概念が注目されているが，本稿では細かな整理づけを行っていない。これは，本稿が実際のシティズンシップ教育の実施においての考察に力点を置きたかったところによる。以上の4点は今後の課題として，研究を重ねていきたい。

　今後，わが国において，シティズンシップ教育が普及し，地域や社会の活性化に役立つことを願っている。当該カリキュラムの推進を目指すNPOに関わっている筆者としても，今後の普及に向けて，地域や社会，そして学校教育に貢献すべく，活動と研究を進めていく所存である。

41　青森県三戸町の「立志科」，宮崎県小林市の「こすもす科」など，「ご当地科」とよばれる取り組みに広がってきている。

42　たとえば，こどもとまちづくり研究会[1996]，『まちづくり読本2 こどもとまちづくり－面白さの冒険－』，風土社 には，学校教育や社会教育において子どもがまちづくりや校庭づくりに参画する事例があげられている。

【視察・ヒアリング先リスト】
● British Council：政府系国際交流支援団体
　Ros Morton, Director Bilateral Schools and Teachers Programmes, Education & Training Group
● Edexcel：資格認定機関
　Brian Ingram, Qualification Leader
● Department for Education and Skills (DfES)：教育技能省
　Paula Kitching, Advisor, Curriculum, Specialism and Collaboration Division
● University of London Institute of Education
　Hugh Starkey, MA, PGCE, MSc, Ph.D.
● Clapton Girls High School
　Cheryl Day, Headmistress
● Sir William Burrough Primary School
　Avril Newman, Headmistress
● Community Service Volunteers (CSV)
　Peter Hayes, Director
● Association for Citizenship Training (ACT)
　Alice Dorsett, Advisor
● Citizenship Foundation
　Tony Breslin, Chief Executive

参考文献
・市川伸一[2003]，『学力から人間力へ』，教育出版
・梅田正己[2001]，『「市民の時代」の教育を求めて－「市民的教養」と「市民的徳性」の教育論』，高文研
・榎本剛[2002]，『英国の教育』，財団法人自治体国際化協会
・大久保正弘[2005a]，「シチズンシップ教育－新しい授業の提案」，『社会科教育』2005年1月号，明治図書
・大久保正弘[2005b]，「政策を実現する方法を考えよう」「市民が政策をつくる時代」ほか，鈴木崇弘編，『シチズン・リテラシー－社会をよりよくするために私たちにできること』，教育出版
・大久保正弘[2005c]，「海外教育改革　最新事情　イギリス　市民科－その現状と成果・課題について－」『総合教育技術』2005年11月号，小学館
・大久保正弘[2006a]，「シチズンシップをどう取り上げるか」『総合的学習を創る』2006年1月号，明治図書
・大久保正弘[2006b]，「市民性を育む教育の普及に向けて」『多摩ニュータウン研究』，2006年3月 No.8，多摩ニュータウン学会
・大久保正弘[2006c]，「市民性教育の実践」『私たちの広場』，2006年11月20日 No.291，財団法人明るい選挙推進協会
・大津尚志[2005]，「イギリスの公民科教科書に関する一考察」『イギリスの中等教育改革に関する調査研究－総合制学校と多様化政策－中間報告書（2）』，国立教育政策研究所
・大友秀明・桐谷正信・西尾真治・宮澤好春[2007]，「市民社会組織との協働によるシティズンシップ教育の実践－桶川市加納中学校の選択教科「社会」の事例－」，『埼玉大学教育学部附属 教育実践総合センター紀要』No.6，埼玉大学教育学部附属教育実践総合センター

- 大森照夫他編 [1993]『社会科教育指導用語辞典 第二版』, 教育出版
- 大森正・石渡延男編 [2001]『新しい社会・地歴・公民の教育』梓出版社
- お茶の水女子大学附属小学校 児童教育研究会 [2004],『提案や意思決定の学びを市民的資質につなげる』, お茶の水女子大学附属小学校
- お茶の水女子大学附属小学校 児童教育研究会 [2005],『第67回教育実際指導研究会発表要項－ともに学びを創造する－』, お茶の水女子大学附属小学校
- 蒲島郁夫 [1988],『現代政治学叢書6　政治参加』, 東京大学出版会
- 栗田充治 [2002],「Citizenship Education の教育理念と内容－ Active Citizen を育てる教育－」, 日本ボランティア学習協会編,『英国の「市民教育」Citizenship Education in UK』, 日本ボランティア学習協会
- 木村浩 [2006],『イギリスの教育課程改革－その軌跡と課題－』, 東信堂
- 経済産業省（三菱総合研究所　委託）[2006a],『シティズンシップ教育と経済社会での人々の活躍についての研究会　報告書』, 経済産業省
- 経済産業省（三菱総合研究所　委託）[2006b],『シティズンシップ教育と経済社会での人々の活躍についての研究会　報告書別冊』, 経済産業省
- 高妻紳二郎 [2007],『イギリス視学制度に関する研究－第三者による学校評価の伝統と革新－』, 多賀出版
- 興梠寛 [2003],『希望への力　地球市民社会の「ボランティア学」』, 光生館
- 国立教育政策研究所 [2001],『社会科系教科のカリキュラムの改善に関する研究－歴史的変遷（１）』, 国立教育政策研究所
- 小玉重夫 [2003],『シティズンシップの教育思想』, 白澤社
- 佐貫浩 [2002],『イギリスの教育改革と日本』, 高文研
- 品川区教育委員会 [2005]『品川区小中一貫教育要領』, 講談社
- 神野直彦 [2004],「新しい市民社会の形成－官から民への分権」神野直彦・澤井安勇編『ソーシャル・ガバナンス』, 東洋経済新報社
- 清田夏代 [2005],『現代イギリスの教育行政改革』, 勁草書房
- 高山次嘉 [1996],『社会科教育の回生―共生社会の市民を育てるために－』, 教育出版
- 東京学芸大学社会科教育学研究室編 [2006]『小学校社会科教師の専門性育成』教育出版
- 中西輝政 監 [2005],『サッチャー改革に学ぶ　教育正常化への道－英国教育調査報告』, PHP研究所
- 日本ボランティア学習協会編 [2002],『英国の「市民教育」Citizenship Education in UK』, 日本ボランティア学習協会
- 水山光春他[2007],『社会科公民教育における英国シティズンシップ教育の批判的摂取に関する研究』（平成16年度～平成18年度科学研究費補助金基盤研究（C）（１）研究成果報告書）
- 横江公美 [2004],『判断力はどうすれば身につくのか－アメリカの有権者教育レポート』, PHP研究所
- 横浜市教育委員会 [2006],「横浜教育ビジョン」, 横浜市教育委員会教育政策課
- 横浜教育改革会議 [2006],「横浜教育改革会議 最終答申 活力と個性あふれる「教育のまち・横浜」をつくる　～育て！未来を担う横浜『市民』～」, 横浜市教育委員会教育政策課
- 若生剛 [2003],「イングランドにおけるシティズンシップ科の設置と法教育」, 江口勇治編『世界の法教育』, 現代人文社
- 若月秀夫 [2005],「品川区の小中一貫教育における『市民科』の構想」,『社会科教育』2005年1月号, 明治図書

- A. Osler and Hugh Starkey[2005], *Changing Citizenship --- Democracy and Inclusion in Education*, Open University Press
- B.Dufour[2006], *The Fate and Fortunes of the Social Curriculum and the Evolution of Citizenship: A Historical Overview*, Tony Breslin and Barry Dufour, Developing Citizens, Hodder Murray
- B. Crick [2002], *Essays on Citizenship*, Continuum
- B. Crick [2001], *Crossing Borders*, Continuum
- C. Gipps [1994], *Beyond Testing: Towards a Theory of Educational Assessment*, RoutledgeFalmer,（鈴木秀幸訳 [2001]、『新しい評価を求めて－テスト教育の終焉』、論創社）
- D. Heater [1999], *What is Citizenship?*, Polity Press Limited and Blackwell Publishing Ltd.（田中俊郎・関根政美訳 [2002]『市民権とは何か』、岩波書店）
- Edexcel[2002], *Specification – Edexcel GCSE in Citizenship Studies – Short Course (1280) – Issue 1 –*, Edexcel
- G. whitty [2002], *Making Sense of Education Policy*, 1st Edition, Paul Chapman Publishing Ltd., A SAGE Publication Company,（堀尾輝久・久冨善之訳 [2004]、『教育改革の社会学—市場、公教育、シティズンシップ』、東京大学出版会）
- QCA[2004], *Citizenship---2003/4 annual report on curriculum and assessment*, QCA
- QCA[2005], *Citizenship---2004/5 annual report on curriculum and assessment*, QCA
- R.E.Dawson[1977], *Political Socialization ---Second Edition*, Little, Brown and Company（加藤秀次郎・青木英実・中村昭雄・永山博之訳 [1989]、『政治的社会化—市民形成と政治教育』、芦書房）
- the Advisory Group on Citizenship [1998], *Education for citizenship and the teaching of democracy in schools*, Final report of the Advisory Group on Citizenship, Qualification and Curriculum Authority
- T.H.Marshall and Tom Bottomore [1992], *Citizenship and Social Class*, Pluto Press,（岩崎信彦・中村健吾 訳 [1993]、『シティズンシップと社会的階級－近現代を総括するマニフェスト』、法律文化社）
- W.Kymlicka[2002], *Contemporary Political Philosophy: An Introduction*, Clarendon Press,（岡崎晴輝・木村光太郎・坂本洋一・施光恒・関口雄一・田中拓道・千葉眞訳 [2005]、『新版 現代政治理論』、日本経済評論社）

参考ホームページ
- 財団法人　明るい選挙推進協会
  http://www.akaruisenkyo.or.jp/index.html
- 文部科学省 中央教育審議会「青少年の奉仕活動・体験活動の推進方策等について」答申、平成14年7月29日
  http://www.mext.go.jp/b_menu/shingi/chukyo/chukyo0/gijiroku/001/020702a.htm
- 文部科学省 中央教育審議会「義務教育に係る諸制度の在り方について（初等中等教育分科会の審議のまとめ）」、平成17年1月
  http://www.mext.go.jp/b_menu/shingi/chukyo/chukyo0/toushin/05082301.htm
- 文部科学省 中央教育審議会「義務教育の構造改革　中央教育審議会答申の概要」平成17年10月

26 日
　http://www.mext.go.jp/b_menu/shingi/chukyo/chukyo0/toushin/05102602.pdf
・文部科学省 中央教育審議会「新しい時代の義務教育を創造する（答申）」平成 17 年 10 月 26 日
　http://www.mext.go.jp/b_menu/shingi/chukyo/chukyo0/toushin/05102601.htm
・文部科学省 中央教育審議会 「初等中等教育分科会 教育課程部会 審議経過報告」，平成 18 年 2 月 13 日
　http://www.mext.go.jp/b_menu/shingi/chukyo/chukyo0/toushin/06021401.htm
・文部科学省 教育課程部会「生活・総合的な学習の時間専門部会（第 7 回）議事録・配布資料」資料 1，平成 17 年 9 月 21 日
　http://www.mext.go.jp/b_menu/shingi/chukyo/chukyo3/siryo/021/05112401/001/005.htm
・文部科学省「現行の学習指導要領の成果と課題，見直しに関する意見について」教育課程部会 社会・地理歴史・公民専門部会（第 6 回）議事録・配付資料平成 17 年 10 月 4 日
　http://www.mext.go.jp/b_menu/shingi/chukyo/chukyo3/siryo/021/05112401/001.htm
・文部科学省「専門部会及び教育課程部会における各教科等の改善に関する議論の方向性（案）」教育課程部会 社会・地理歴史・公民専門部会（第 7 回）議事録・配付資料 平成 18 年 8 月 2 日
　http://www.mext.go.jp/b_menu/shingi/chukyo/chukyo3/siryo/001/07013003/007.htm

第三編

シティズンシップのための教育と
学校で民主主義を学ぶために

Education for citizenship
and the teaching of democracy in schools

Final Report of the Advisory
Group on Citizenship
22 September 1998

©Qualifications and Curriculum Authority 1998

第一部　はじめに

1. 序

1.1

　我々は全会一致で，以下の点について大臣に申し上げます。すなわち，シティズンシップ教育および我々が定義する広い意味での民主主義教育は，学校および国家の存続の両面において大変重要な事項であり，学校に対しては，シティズンシップ教育を受けることはあらゆる児童・生徒が有する自然権に属することを法的に明示すべき旨，提言します。当該事項に関しては，その数，内容，方法等を各地域の独自の判断に委ね，その結果地域により著しい差が生じているという現状を放置しておくわけにはいきません。本レポートは，未だ不完全ながらも，民主主義的な価値体系に基づく共通のシティズンシップ教育に対する理解を広く知らしめる上での基礎となるものです。

1.2

　これを効果的かつ継続的なものとするにあたっては，大臣による裁定のみでは不十分であり，公衆および教職に携わる人々からの賛同を要します。その上で，第3部では教育課程の枠組みについて，様々な到達目標を指摘しつつ説明がなされており，それに伴い本レポートの大部分は，社会に対してというよりはむしろ教職員に対して向けられたものとなりました。なお我々は，他教科における教育内容および当該教育課程に見られる特徴が，いかにしてシティズンシップ教育を活性化し，またシティズンシップ教育によって活性化され得るかについても紹介しています。加えて本レポートでは，意見の分かれる問題（controversial issues）を取り扱う際の指導についての提言もなされています。

1.3

しかしながら我々は，シティズンシップ教育を受けることがすべての児童・生徒，更には16歳以下に限定されない青年全般にとっての自然権であると認められるべき理由についての根本的理解が，社会全体により幅広く伝わることを切望しています。そのため，シティズンシップ教育の教授法に関する詳細な提言を行う前に，我々はシティズンシップ教育の必要性とそれがもたらす公的利益を提示するとともに，どのような指針を伴うべきか，どのような事柄が教育上のねらいおよび到達目標として位置づけられるべきか，といった点について，シティズンシップ教育の場面で更には学校そのものが地域およびその団体と好意的関係を結び，かつ相互に交流することの重要性を指摘しつつ，大まかな指針を述べます。

1.4

このような包括的な提案は，いかに現存する優れた実践に倣うところがあるにせよ，やはり準備期間を要するものであり，また単発的にではなく一定の期間にわたって実施されなければなりません。そこで我々は，シティズンシップ教育への段階的，体系的アプローチを提唱しました。またシティズンシップ教育への国家的取り組みは本国における初の試みであり，また同時にデリケートな問題でもあることから，我々はシティズンシップ教育の監督を目的とした団体の立ち上げを提案しました。なおこの団体には，教員や国家機関の他，市民や保護者の代表もその構成員に含まれるべきでしょう。(5.11 を参照)

1.5

我々は本国の政治文化に対して国・地域両側面における変革をもたらすことを最低限の目標としています。すなわち，一般社会に影響を及ぼす意思・能力・知識を有し，また発言や行動に先立って情報を慎重に評価できる批評眼を有した，行動的市民としての自覚を人々が持つようになること，

あるいは現存する最も優れた伝統的な社会参加や公共奉仕を若い人々の間に徹底的に形成・普及させ，かつ個々が自身の集団の中で自信を持って新たな参加・活動のスタイルを作り出せるようにすること，などがそれに該当します。一般社会に対する無知・無関心・不信は深刻な状態にあります。現状を見る限り，あらゆる段階における取り組みが実施されなければ，憲法改正や福祉国家の性質の変化から期待される恩恵はどんどん小さなものになってしまうかもしれません。本年（本レポートが完成した年）初めの大法官のスピーチでは「イギリス民主主義の健全性と将来性に対して無頓着を装うことは望まれず，許されず，その余裕すら我々は持ち得ない。国民一人ひとりが政治・社会に対して積極的な関心を抱く市民とならなければ，我が国の民主主義は不安定なものとなってしまう」といった言葉が述べられています。

1.6

シティズンシップ教育は，実現には至らなかったものの，前政権により制定された国家的議題に示され，1998年の教育改革法第1節第2条に規定されたものです。そこでは「児童・生徒の精神的・道徳的・文化的・心的・身体的発展を促進」し，かつ「当該児童・生徒が大人となった時に向き合う機会・責任・経験に対する備え」となるような「バランスの取れた幅広い土台を持つ教育課程」が要請されました。成年期においては単なる臣民としてではなく市民として行動することが不可欠であることから，議会制民主主義におけるシティズンシップ教育は成人となるための準備として欠くことのできないものです。1997年の白書「学校に卓越さを」（*Excellence in Schools*）を受けて，我々はシティズンシップ教育実現のための提言を行う責務を与えられました。

1.7

シティズンシップ教育は市民性（Citizenship）に関する教育でなければ

なりません。シティズンシップ教育には技能や価値観の発達のほか，一連の知識の習得も含まれはするものの，それのみで完了するものではありません。ここで学ぶべき知識は，あらゆる段階において指導・評価される他のあらゆる教科と同様に興味深く，知力を刺激し，また意義のあるものです。政治や市民生活についての研究は，制度的なものも概念的なものも，アリストテレスに始まり，以来継続され，今日の大学でも盛んに行われています。

1.8

第一部の第2項では，「Citizenship の意義」について論じており，そこには大きく分けて社会的・道徳的責任，社会参加，政治的教養という3つの構成要素が存在しています。我々は教育水準局監査官（Office for Standards in Education[OFSTED] inspector）からのある学校に対する鋭い指摘に注目しました。同監査官は「生徒が市民性に関する理解を育む機会に乏しい。その最大の原因として，市民性からなにが生ずるのかという点についての共通認識がない点が挙げられる。」と述べましたが，これは決してその学校のみに該当する出来事ではありません。

1.9

ただし，以下の2つの点について注意が必要です。

(a) 保護者ならびに国民は概して，シティズンシップ教育における教育活動が偏見や先入観に基づいて行われたり，思想の吹き込みとなったりする可能性を不安視することでしょう。我々はシティズンシップ教育における教育活動の中では必ず意見の分かれる問題を取り扱う場面があるという点を認識しています。情報に基づいた開放的な論議は，健全な民主主義にとって何より不可欠なものです。もっともこれはシティズンシップ教育に限られたことではありません。意見の分かれる問題は歴史，地

理，国語（English），人格・社会・健康教育（PSHE: Personal, Social and Health Education）ならびに精神的・道徳的・社会的・文化的発育（SMSC: Spiritual, Moral, Social and Cultural development）といった他の分野においても生じるものです。教師は存在し得る問題について理解しており，また均衡・公平・客観性を追及するプロとしての能力を身につけています。更に，偏見に基づいたあるいは不均衡な教育ないし思想の吹き込みを防ぐ保護条項が教育法には存在しています。本レポートには，PSHEに関わる人々ならびに児童・生徒の精神的・道徳的・社会的・文化的（SMSC）発育の促進に携わる人々との十分な議論のもと独自に作成した，意見の分かれる問題を取り扱う際の指導法について掲載されています。（第10項を参照）

(b) 学校でできることには限界があります。学校に対しより多くのことを望むのであれば，そのための補助を要します。教師に対してあまりに期待しないのもよくないが，期待しすぎるのもよくありません。積極的なシティズンシップというものを児童・生徒がどのように捉えるかについては，学校の価値観や考え方といったものが大いに関係しており，その影響力は家庭・周囲の環境・メディア・一般社会における具体例といった学校外における様々な要素に匹敵するものです。これら一連の要素は良くも悪くも影響力を有するのです。

1.10

　我々は，学校におけるシティズンシップ教育の指導および社会を主体とした学習・活動が確立されれば，児童・生徒，教師，学校，社会全般に対して恩恵がもたらされるものと確信しています。その具体的内容は以下の通りです。

　児童・生徒 －　学校における権利が保障される。学校は児童生徒に行動的かつ学識豊かで批評眼を有した責任ある市民として，社会に

有意義な形で関与する能力を与えてくれる。
- 教師 　— 　学校でのシティズンシップ教育に対するより強力で組織的な取り組みの一環として，現存するシティズンシップ教育に関する規定を理論上もカリキュラム上も一貫性のあるものとする上での指導・助言がもたらされる。
- 学校 　— 　現在の教授法および教育活動の整理・統合，地域社会との良い関係性の保持，ならびに全児童・生徒対象のカリキュラム上における有効なシティズンシップ教育の開発などに向けて，確固たる基盤がもたらされる。
- 社会 　— 　あらゆる類の政治的・社会的事柄に影響を及ぼすであろう，行動的で政治的教養のある市民が育成される。

1.11

　学校と地域社会と青年団の間に更なる相互作用的役割の発展を促したシティズンシップ教育は，必ずや地方政府をより民主的，開放的，反応的なものに変える上で役立つことでしょう。

2. Citizenship の意義

2.1

　ギリシアの都市国家とローマ共和国に由来する政治的伝統においては，citizenship とは市民としての権限を有する人々による公務への関与，すなわち公開討論への参加あるいは国の立法および国家意思の決定への直接的・間接的参加を意味するものでした。しかしながら現代においては民主主義的思想から，知識階級や土地所有者といった一部市民に限定されていた参政権の拡大，婦人解放の実現，選挙権取得年齢の引き下げ，報道の自由の実現，政治過程への参加といった旨の要求が繰り返しもたらされました。そして現在，我々は高い教養に基づく「市民民主制」の機会を手にしています。

2.2

　国民国家の発展に伴い，citizenship の第2の意味が登場しました。すなわち，たとえ独裁国家にあっても，多少なりとも法による保護が与えられ，また同時に法に従う義務を有する国民のことを citizenship と呼ぶに至りました。例えば19世紀においては，ロシア市民であるという言葉とアメリカ市民であるという言葉のもつ意味は大きく異なるものであり，「善良な臣民」(good subject) と「善良な市民」(good citizen) とは同一視し得ないものでした。イギリスにおいては，これらの差異をどう認識するかについてしばしば混乱が生じました。下からの漸進的な圧力を受けて王室から国会へと権力が受け渡されたという過去を持つ我が国の歴史的観点からして，大多数の国民には「イギリス臣民」という言葉と「イギリス市民」という言葉の概念は同じもののように思えてしまうのです。

2.3

　近年，「善良な市民」(good citizen) や「行動的な市民」(active citizen) といった言葉が再び登場するようになりました。当時の下院議長によって設置されたシティズンシップ委員会 (Commission on Citizenship) による報告書「シティズンシップのすすめ」(*Encouraging Citizenship*)(1990) では，賢明にも出発点として故 T.H. Marshall の「シティズンシップ」(*Citizenship*)(1950) で示された citizenship の解釈が取り上げられました。Marshall は citizenship に **公民性** (*the civil*)，**政治性** (*the political*)，**社会性** (*the social*) の3つの要素を指摘しました。第1の要素に関して，同委員会は当然のごとく「権利」と「義務」の相互関係についてかなりの重きを置きました。また Marshall 以上に，国によって提供されるもののみならず国民が国や地域のボランティア団体・組織を通じて相互に実施され得る社会福祉についても強調しました。同委員会はこれら両方の点について，それを「積極的なシティズンシップ」としての義務であると認めましたが，Marshall が指摘した2つ目の要素についてはさほど触れていません。

もしかすると同委員会はcitizenshipが有する政治性の要素については言うに及ばないと判断したのかもしれません（もっとも過去を振り返れば，そうは判断しえないのでありますが）。公民意識や市民権，社会におけるボランティア活動といったものは極めて重要ですが，これらの事柄を確立する上で助力となりまた手立てとなる政治的知識や政治的行為といったものも，個々人にとっては不可欠です。

2.4

　法の支配の尊重はあらゆる社会秩序において必要条件とされ，また教育においても必要とされる要素です。しかしながら議会制民主主義においては，教育の中で未来の市民に対し，法と正義の違いを理解させることも必要とされます。この違いについては古代アテネにおける政治思想の中で真っ先に注目されました。市民たる者は平和的かつ責任ある態度で法を改める上で必要とされる政治的能力を身につけていなければなりません。

2.5

　ボランティア活動や社会参加は市民社会や民主主義における必要条件であると我々は確信しています。したがって最低でもそういった活動に向けた準備というものが教育の中に明確に位置づけられるべきでしょう。このことは，これまで福祉国家として果たしてきた役割と責任を社会や個人の責任へと移行させようとする政府の思惑が重なる中，特に重要な事項であるといえます。我々は民主主義社会における市民的行動を全うするにあたってはボランティアへの参加や実践は必要条件であるものの，これらをもって十分な条件とは言えない点を指摘しておきます。地域社会というのはまさしく，国や公共政策からは切っても切り離せないものです。

2.6

　このことについては，最近David Hargreaves教授がDEMOSの小冊子

"The Mosaic of Learning" の中で明確に述べておりました。

　公民教育 (civic education) とは大人が若者たちに身につけてもらいたいと願う市民道徳や模範的行動についての教育である。しかしその内容はこれに留まらない。アリストテレス以来の公民教育は、我々はどんな社会を生きているのか、この社会はどのようにして現在の形へと至ったのか、現在の政治構造の長所および短所は何か、どうすれば発展の道をたどれるか、といった論点を含んだ本質的な政治的概念を有するものとして認められてきた。…行動的市民は道徳的であると同時に政治的でもある。というのも、道徳的感性とは一部において政治的知識から呼び起こされるものであり、逆にいえば政治的無関心はやがて道徳的無関心へと繋がっていくのである。

2.7

　結局のところ citizenship の意義は幅広く、全員が納得するような定義づけは不可能なのですが、Marshall が示した3要素については定義の中に具体的に明示し、またそれらを相互に関連づけなければなりません。これらの要素の1つのみを取り上げたところで、それを真の「積極的なシティズンシップ」と認めることはできず、あくまでこれら3要素の習慣的な相互作用が行動的市民となる上では不可欠なのです。白書「学校に卓越さを」(*Excellence in Schools*) を受けてのシティズンシップ財団（Citizenship Foundation）からの文書にはこの点が明確に述べられています。

　我々は、シティズンシップ教育は若者を一般社会における法的・道徳的・政治的領域へと導く際に要する明確な概念上の核を有すると確信している。シティズンシップ教育において、児童・生徒は社会とその構成要素について学び、またいかに個人として全体と関わり合うかについて学習する。シティズンシップ教育においては、知識の習得のみに留まらず、自ら考える力を養うと同時に、法・正義・民主主義を尊重する精神を育み、公益の育成に向けた教育を行い、また熟慮・探求・討論といった能力の育成が図られるべきである。

2.8

我々はボランティア活動や社会活動のみが積極的なシティズンシップの意味するところであるとは捉えていないものの，一方で政治的領域における自由および十分なる市民的行動が実現されるか否かについては，様々な類の非政治的団体やボランティア団体によって作り出される社会，いわゆる市民社会の実態に頼る部分が大きいと考えています。このことは Thomas Jefferson, Alexis de Tocqueville, John Stuart Mill が残した偉大なる教えです。Ivor Crewe 教授らによる 1996 年のイギリスとアメリカの比較調査においては，以下のような結論が導き出されました。

> 投票率，メディアで取り上げられる政治的問題や公的問題への関心，選挙運動やデモへの関与といったものは皆，任意団体やボランティア団体への参加の過程で培われていく刺激と強力かつ普遍的な関連性を有していることが十分に裏付けられた。(3.4 も参照)

2.9

したがって今となっては，かつて叫ばれた「政治教育と政治的教養」（影響力のある 1978 年の *Hansard Society Report* の表題）という言葉は，我々の意図を表しきれておらず，「シティズンシップ教育」という言葉のほうがより適切であると思われます。この意図については本レポートの最初に引用した枠組み文書からの一文にも明確に表されていました。

2.10

それでは「効果的なシティズンシップ教育」とはどのようなものを指すのでしょうか。我々はそこに，社会的・道徳的責任，社会参加，政治的教養の3つの事柄を見出します。これらは相互に関連性を有し，依存関係にありつつも，教育課程上ではそれぞれ多少異なる場面で多少異なる扱われ方が求められるものです。

2.11

(a) １つ目は，子どもたちが，権威のある者ならびにお互いに対して，幼少からの自信や社会的・道徳的な責任ある態度を教室の内外で身につけることです。このような学習は学校の内外を問わず，子どもたちが集団で行動したり遊んだりするときあるいは自分たちの地域における活動に参加するときに，時と場所を選ばずに展開されるべきです。シティズンシップ教育が有するこの側面については，言うに及ばないという意見もあるかもしれません。しかし我々は，この部分こそ問題の核心に迫るものであると確信しています。やはり道徳的価値観や個人の発達に関する指導はシティズンシップ教育において不可欠となる事柄です。シティズンシップ教育が初等教育においては扱われないことから，政治的な学習についても初等教育全体において当然扱われないと考える人もいるでしょう。しかしそれは誤りです。子どもたちは学習や話し合いを通じて，公平性の概念や法・規則・意思決定・権力・地域の環境・社会的責任などに対する姿勢といったものをすでに学び始めているのです。また彼らは学校や家庭など諸々の所から，自分たちが民主主義の中で暮らしているか否か，どのような社会問題が自分たちに影響を及ぼしているか，更には他の圧力団体や政党はそれに対してどういった主張を展開すべきか，といった知識をも吸収し始めているのです。これらの事柄は皆，推奨され，指導され，また構築され得るものなのです。

> **リバプール・トクステスの州立ウィンザー小学校**はトクステスの低所得者密集地帯の中でも最も社会的に困窮した地域に位置しているが，ここ数年間，排斥(exclusion)は存在していない。校長はその点に関して，生徒会の設立を原因として挙げている。生徒会では自分たちの会に関して他の児童に伝えておきたいと思う事柄を述べるための，児童を対象とした臨時会議を開いた。以下はその内容の一部である。「生徒会が設置されて以来，私たちの学校は生徒会の出した責任ある決定に基づいて変化を遂げることとなりました。私たちはテレビにも登場し，また他の学校における生徒会の養成活動を支援しました。私たちの学校では，様々な行事や休み時間をより楽しく過ごす上で必要となる備品を買うための募金活動が，私たちの手によって行われました。態度の悪い生徒の数は減少しました…。生徒会のメンバーとなれば大きな責任を抱えることとなります。他者の意見に耳を傾けたり忠告を行ったりするのは時として大変難しいことです。みんなは生徒会のメンバーを尊重し，またメンバーたちがみんなにとって良い友達であることもみんなは理解してくれています。メンバーはすべての人たちのことを見て，聞いて，支えているため，私たちの学校ではいじめは減る一方です…。生徒会の力によって私たちの学校はよりよい場，すなわち子どもたちの意見が尊重される場になったと私たちは信じています。すべての学校に生徒会が存在すべきであると私たちは考えています。」

(b) 2つ目は，自分たちの社会における生活や課題について学び，それらに有意義な形で関われるようになることです。社会参加・社会奉仕活動を通じた学習もここに含まれます。もちろんシティズンシップ教育における他の2つの柱同様，これについても子どもたちが学校にいる時間のみを対象としているわけでは決してありません。たとえ児童・生徒や大人たちが多くのボランティア団体を非政治的であると捉えていたとしても，それは正確には「非政党的」という意味での評価でしょう。あるボランティア団体が主張を展開し，公権力と交わり，宣伝活動や資金調達を行い，メンバーを募集し，その上で人々を動かそうと（あるいは静めようと）する場合，その団体は例外なく政治的手腕を利用しまた必要とします。

> **ウィルトシャー州カルンのジョン・ベントリー学校**はヤング・エンタープライズ計画や社会奉仕活動を通じた学習、職業体験といったもの実施しており、学校評議会の動きも活発である。学校評議会はこれまでに町議会との公式なつながりを作り上げてきた。同校は町内における唯一の中等教育学校なので、カルンの青少年町議会（YPTC）のメンバー 16 人は全員同校より選出されている。YPTC は学校評議会と緊密に連携し、毎月町政庁舎の会議室において会合を開いている。YPTC のメンバーは、市民協会（Civic Society）から犯罪防止委員会（Crime Prevention Panel）、更には町議会のアメニティー委員会（amenities committee）に至るまで、町内における多種多様な団体の一員となり、青少年の意見を代表するという立場が与えられている。YPTC は学校評議会と共に、町内の青少年に様々な利益発展をもたらし、また補助金も獲得した。地方活動協会（Rural Action）からの環境活動のための補助金はその一例である。最近の YPTC の活動としては、「通学路安全化」計画への取り組みが盛んである。

(c) 3つ目は、児童・生徒が知識・技能・価値観といったものを通じて、市民生活（public life）について、更には自身が市民生活において有用な存在となるための手段について学ぶことです。これはいわゆる「政治的教養」（political literacy）と呼ばれるものであり、「政治的教養」とは単に政治知識というよりも幅広いものを示す語です。「市民生活」という語は、最も広い意味では、現代の主要な経済的・社会的問題の解決・意思決定の際に要する実用的知識ならびにそれに向けた心構えを包括的に含んだものを指します。そこには社会に出ることに対する個々人の期待や覚悟、公的資金の分配や課税の正当性に関する議論といったものも含まれます。このような心構えは、一連の問題が地方・国・国際を問わずいかなる機関で発生しようとも、あるいは地域レベルと国レベルとを問わず、公的政治機関から任意団体に至るまでのいかなる団体で発生しようとも、必要とされるものなのです。

> ジュニアシティズンシッププログラム(The Junior Citizenship Programme)は,北西部のHaltonにある複数の小学校におけるテストケースを基盤としてシティズンシップ教育研究協会(the Institute of Citizenship Studies)が開発を進めている。このプログラムでは,小学6年生の児童に対して,自分たちの周辺における日々の経験を通じて,市民性の概念,中でも市民であるとはどういうことか,どのような原則がそこには存在しているのか,といった点に関する理解が促進されることが期待されている。ここでは児童たちが積極的態度を示し,問題に対する意見をはっきり述べ,自らの考えや態度を育成することが推奨される。このプログラムは,教員の記録(teachers' notes)や児童のトピックシートに支えられており,これらはすべて,学校から地域に至るまでの社会集団的概念に基づいたものとなっている。そこには国内,更にはやヨーロッパへと広まっていくHalton自治区議会の業績に対する理解といったものも含まれている。またポルトガルのレイリア,ドイツのマルツァーン,チェコ共和国のウースチーナドラベムといった各姉妹都市とHaltonとの関係についても盛り込まれている。他の学校と話し合いの機会を持つなどの,地域に焦点を合わせた活動は児童の関心を特にひきつけるものであった。同協会はこのプログラムが数年後にはより多くの小学校において実現可能となることを望んでいる。

2.12

　このように我々は,議会制民主主義におけるシティズンシップ教育には3つの柱が存在すると考えています。すなわち社会的・道徳的責任,社会参加,そして政治的教養です。「責任」には(a)他者への配慮,(b)行為が他者に対してどのような影響をもたらし得るかについての事前の考察と予測,(c)結果に対する理解と留意,といったものが含まれることからも,「責任」とは道徳的善であると同時に政治的に不可欠な要素です。

3. シティズンシップ教育：その必要性とねらい

3.1

　シティズンシップ教育とは,そのものがすべての児童・生徒にとっての自然権であると認められる,カリキュラム上不可欠かつ独特な制定要素を

有したものであるとの考えに，我々は賛同します。シティズンシップ教育は他教科やカリキュラムが有する特徴によって活性化され得るものであり，また他教科やカリキュラムの特徴を利用しつつも，同時にそれらに対し大いに貢献をし得るものでもあると，我々は考えています。一方において，シティズンシップ教育とは市民としての態度・振る舞いを学ぶという市民のための教育であるという点を，我々は強調しておかなければなりません。したがって，シティズンシップ教育においては単に市民性および市民社会に関する知識のみが扱われるのではなく，それらに関する価値観・技能・理解の発達促進といったものもその内容に含まれます。

3.2

　加えてこの種の教育は，学校における以下の2つの改革と関連性を有しており，かつそれらの出来に左右されるものであると我々は考えています。このことは子どもの発達上の早い段階においては特に顕著であるといえます。その2つとは，1つ目は人格・社会・健康教育（PSHE）の促進であり，もう1つは児童・生徒の精神的・道徳的・社会的・文化的発育（SMSC）の推進に関する学校全体での取り組みに関しQCA（Qualifications and Curriculum Authority: 資格教育課程総局）が試験的に行っているような新しい改革です。このような活動には皆，社会制度的・社会集団的要素が何らかの形で含まれています。後に我々は，どういった価値観が民主政治に特に見受けられるか，という点について，教育と地域社会における価値観に関する国際フォーラム（the National Forum for Values in Education and the Community）において示された，社会の中における価値観に一定の範囲で鑑みながら，述べていきたいと思います。

3.3

　シティズンシップ財団（Citizenship Foundation），社会科学教育協会（the Association for the Teaching of the Social Sciences: ATSS），中等学校長

協会(the Secondary Heads Association: SHA)、およびハンサード協会(the Hansard Society)の代表による初めての話し合いの後、1997年の9月にシティズンシップ2000(a Citizenship 2000)という団体が結成されました。そこでは「個人・政府間関係の急速な変化、伝統的に見受けられた市民間における結束の減退、ヨーロッパにおけるイギリスの新たな政治的役割、地球規模の急速な社会的・経済的・技術的変化」といった点において合意をみることとなり、以下のような結論を得るに至りました。

> 「大学を含む諸学校におけるシティズンシップ教育は極めて重要なものであり、なおざりにすることは許されない。最近の調査では本国における市民間の対話が希薄になっている点が強調されている。次の世紀を迎えるにあたって、もし我々が一般生活の水準をこれ以上下落させず、またすべての若者に教養を与え、彼らにより開かれたイギリスのみならずヨーロッパ更にはより大きな世界への参与を促そうとするのであれば、シティズンシップ教育はこの歴史的欠陥に真摯に取り組む上で直ちに実施されなければならない。そのためにはシティズンシップ教育に対する政治的・専門的確約が必要不可欠である。」

3.4

　Ivor Crewe教授らによるイギリスとアメリカにおける類似地域の比較調査（1996年）では、イギリスの生徒のおよそ80％が、学校外ではあらゆる公的問題（自身の周辺において重要となるものを含めて）に関する議論にはまず加わらないと答えたことが明らかにされました。その多くは「宗教と政治の話は控えよ」との厳格な社会規範を理由に挙げました。反面、そのような機会を学校で得た生徒は、家庭や社会でそのような話に参加する傾向にあります。「おしゃべり」ないし対話が積極的なシティズンシップの基盤となることは明らかです。イギリスの被調査者に良い市民の例をあげるよう求めたところ、わずか10％が投票や政治的権利の行使と答えたのに対し、70％が「何らかの形での市民としての取り組み（例えば地域のボランティア団体での活動や地域社会にとって何か有益となることの実施）」を答えました。

3.4.1

しかしながら、この調査では「一つの問題（single issue）のみに焦点を絞った」政治的戦略といったものが多く見受けられました。すなわち、人々が「地球環境（green）」への懸念や環境問題といったものに一般的な関心を寄せるようになりました。もしかするとここにはこの調査におけるある種の「転移効果」が存在するのかもしれません。政治学者は、若者がある事柄に対して「何か行動を起こさねば」と感じたときに、政党に入ろうとする傾向は戦後世代の人たちほど強くなく、むしろ特定の圧力団体に加入する傾向のほうがより強い点を、ここしばらくの間指摘しています。Crewe教授は多くの若者は市民権や人権よりもむしろ動物の権利のほうに関心を向けるとの実状を論じました。たとえそうであったとしても、ここでは若者の心に市民と政界との良い意味でのつながりが芽生えていることを見て取ることができるのであり、我々の挑戦が学校とボランティア団体の双方にとって有益な結果をもたらし得ることも大いに期待されます。

3.5

イギリス選挙調査機関（The British Election Study）の報告によれば、18歳から24歳の層の25パーセントが1992年の総選挙では投票に行かないと答えました。この棄権率は他の年齢層と比較しても最高のものでした。1997年の総選挙では、棄権率は32パーセントにまで上昇し、またしても他の年齢層と比べて最悪の数値となりました。また国際市場世論調査機関（MORI）によれば、その割合は更に上の43パーセントとされていました。この数値は、全有権者における実際の投票率が戦後最悪の71パーセントであったことを踏まえたとき、1997年当時の18歳から24歳の層における実際の棄権率は報告にあった数字よりも高かったものと一般的には認められています。しかしながら、1997年の青年研究トラスト（the Trust for the Study of Adolescence）の調査研究によれば、大半の被調査者は前年に何らかの形で政治的あるいは社会的活動に参加していたとされています。

1997年3月発行のイギリスタブロイド紙、ニュース・オブ・ザ・ワールド (News of the World) には、初めて投票権を得た人に対するMORIによる調査の結果として、以下のような数値が示されていました。すなわち28%は投票に行かないあるいは行かないだろうと答え、55%が関心がないあるいは面倒であると述べ、17%が投票に行っても何も変わらないと感じており、また10%がどの政治家にも信頼がおけないと考えていました。

3.6

これらの結果は疎外感や不信感の表れといえます。また怠学、破壊行為、無差別暴力、計画的犯行、そして常習的な麻薬の使用は若者の疎外感を指し示すものと言い得るものです。もっとも歴史的な比較を行うのは困難であり、強烈なメディア報道の噴出や集中、流れといったもののせいで、どこまでが実質的な発展と認められ、またどこまでが多かれ少なかれ一時は当然のこととして認められていた事柄に対する公衆の正当な非寛容性と認められるか、その判断は難しいものとなりつつあります。

3.7

1996年にチャリティー団体のBarnardo'sに委託されて行われた社会企画調査団体 (SCPR: Social and Community Planning Research) による調査においても、おおむね同様の結果が表れました。例えば、ある政党を「支持する」と答えた若者は21%にしか過ぎず、また55%は新聞を全く読まないと答えました。しかしながらBarnardo'sは以下のような慎重なコメントを発表しました。

> 「調査の結果は不確かなものと言える。若者は新聞を読まないのかもしれないが、一方で確かに基本的とはいえ重要な政治に関する事柄を何らかの形で知り得ているように思える。被調査者はクイズ形式で提示された一連の問題に対し、かなり正確な回答を行っていた。例えばイギリスの首相やアメリカの大統領が誰であるかはわかっており、また憲法の内容もおおむね正しく理解していた。80%が前回の選挙で

は保守党が勝利したと答え，76％が北アイルランドはイギリスの一部であると答えた。またイギリス議会と欧州議会とでは別々に選挙が実施されるということを知っているのは65％であった。これらは簡単な質問であったかもしれないが，情報源がどこであれ基本的な事柄に関してはよく知られていることがこの正答率の高さからうかがい知ることができる。」

　しかしながら我々としては，この程度の知識はあって当然のもので，物知りな小学生であれば知り得るものであり，8歳や9歳ともなればたいていの場合これよりはるかに多くの知識を身につけていると言わざるを得ません。むしろ中等教育を修了しなかった者はその程度の知識を有するに過ぎないと評価され得ます。例えば11歳位の生徒ともなれば，国会は何の代表であるのか（何のためにあるのか）といったことや，どのような機能を果たしているのか，どんな権限を有するのかといったことの基本的な内容については知っているべきでしょう。

3.8

　Helen Wilkinson氏とGeoff Mulgan氏によって書かれたイギリスのシンクタンクDEMOSのパンフレット「自由の子どもたち：今日のイギリスにおける18歳から34歳の人々の仕事，人間関係，そして政治について」(*Freedom's Children: work, relationships and politics for 18–34 year olds in Britain today*)（1995年）には，無関心な態度やいわゆるどうでもいいといった態度を証明する内容が記されています。それに引き続き，オーストラリアやカナダのように，人格教育や社会教育とともに公民教育（civic education）を義務化することや，公民・政治教育に対し中央が責任を有することについて盛り込んだ法を定めるべきであるとの強烈な主張が展開されています。（この点については他のEU加盟国全体をも引き合いに出し得る内容といえます。）全国民中で国会のあり方を支持しないとする者は1991年から4年の間に2倍に膨れ上がるとともに社会の中枢組織（制度）

に対する信頼は急落の一途をたどり，その結果，中央政府や地方政府の支持者はそれぞれ15％と25％といった少数派となってしまった点を，筆者は指摘しています。若者の約3分の1は自身のサブカルチャーにのみ共感し，異端者となり主流に逆らうことに誇りを感じているのです。また筆者は「我々が示した内に潜んだ強烈な疎外感に対し，政治の場面では新たな指導者としてのスタイル，新たな言葉，新たな手段といった異なるアプローチの展開が求められている」と述べています。彼らは結論において，本国における民主主義の未来に対する不安を，以下のように示唆しています。

> 「我々の調査から見え隠れした量的にも質的にも重篤な話の数々は，史上稀に見る政治的分離の様相である。これは事実上，あらゆる世代が政党政治に見切りをつけた状態と言える。」

3.9

しかしながら，年鑑の統計『イギリスの社会的態度』（*British Social Attitudes*）の12号（SCPR，1995-96年）における，10代と大人とが有する政治に対する考え方の違いを比較すると，別の観点を見出すことができます。Roger Jowell 氏と Alison Park 氏は1997年12月に行われたシティズンシップ財団（Citizenship Foundation）主催の「若者，政治，そして市民性 －彼らは反抗の世代か？－」というタイトルの講演でこの点について述べました。すなわち若い世代（18歳から24歳）における否定的態度や無関心な態度，投票率の低さといったものは，次の大人世代よりほんの僅かに悪い数値を示しているのみで，上の世代に行くに従って改善され，年配の世代で再び下降するのみであることを指摘しました。そして10代や若者世代の疎外感は DEMOS パンフレットに記されたような「史上稀に見る政治的分離の様相」の一側面ではなく，ライフサイクルにおける自然現象なのではないかとの疑問を投げかけました。政府や政治家に対する不信の念と同様，若者の無関心な態度は顕著なものであったが，講演者は

以下の点からこれを「さして驚くべきことではないのではないか」と述べました。すなわち 12 歳から 18 歳の世代は 18 歳から 24 歳の世代にも増して政治に対して関心が薄く知識も乏しい一方，年齢を重ねるにつれて税金やローン，家庭について考えだし，より知識を増やし始め，公共政策に対しより高い関心を寄せ始めるのです。

3.10
　この複雑な問題に対しては以下の 2 点のみを指摘すれば足りるものと考えられます。1 つ目は，史上稀に見る異変が生じているとの主張と従来と何ら変わりはないとの主張の両極間のどこかに，まず間違いなく現状は存在しているという点です。そして 2 つ目は，仮に現実はそこまで劇的に悪い方向には進んでいないとする Jowell 氏と Park 氏の主張を受け入れたとしても，この現状は弁解の余地がない程かつ害悪をもたらすと言えるほど芳しくない状態にあり，改善の道を探るべきであるという点です。

3.11
　学校においては一貫性があり順次的な学習計画を有するシティズンシップ教育の実施が求められています。しかしながらイングランドにおいてそれを実現できている学校は極めて少数です。1997 年 12 月に 27 か国によるシティズンシップ教育の国際的研究における第 1 ステージの一部として完成した，国立教育研究財団（NFER: National Foundation for Educational Research）の David Kerr 氏による報告書「シティズンシップ教育の再訪」（*Citizenship Education Revisited*）では，シティズンシップ教育の実施に関する質問に対して，イングランドの多くの学校が様々な名称を用いつつ様々なタイプのシティズンシップ教育を何らかの形で行っていると答えており，その量については多種多様なものとなっている点を指摘しています。なお我々が考えるに，シティズンシップ教育の在り方を評価する上での基準や目標を国が示していないことから，その質について

もおそらく多種多様なものとなっていることでしょう。任意に抽出された173の学校に対し，シティズンシップ教育に取り組む上で直面する主な障壁や難題は何かと尋ねたところ，79%が時間割の切迫，51%が教材のための資金の不足，38%がシティズンシップ教育に対する統一された定義の欠落，35%が専門的知識を有する教員の欠落，31%が教員の授業に対する責任感や自信の欠落，28%が適切な教材の不足，そして27%が国からの指導・助言の欠落と答えました。これまでに積み重ねられてきた事柄は多々ありますが，一般市民を育成するにあたっては，その内容はいまだ不十分であり，また土台としてのまとまりもないものであると言わざるを得ません。

3.12
　最近では，良質な教育プログラムを通じて教示された価値観が人々の行動にいかなる変化をもたらすかを示す，以下のような小規模ながらも一見に値する指摘が存在します。1990年に内務省による助成に基づき，ロンドン市内の3つの小学校を対象とした，'Project Charlie'という名の薬物の乱用に関する教育の試験的研究が行われました。6年間の追跡調査の後，1997年11月にその結果を記した報告書が発表されました。そこではこの課程を経た生徒たちとそうでない同じ学校の生徒たちとを比較した際，前者は使用履歴の検査においてはタバコと違法薬物の両方のケースで極めて低い数値を示し，また仲間内からのプレッシャーに打ち勝つ力もより高いものとなっていました。

3.13
　やや漠然とはしているものの，シティズンシップ教育の広い意味での目標を制定する上で見過ごすことのできない広範囲にわたる社会的懸案事項が存在します。シティズンシップ財団は1992年の全国教育審議会（National Commission on Education）において，「ますます複雑化していく我々の社

会と文化の更なる多様性，そして単一的な価値観の明らかな喪失が折り重なった結果，拡大家族といった伝統的な扶養構造が崩壊するに至った…」との事情を述べました。「文化的多様性」は国民性の問題へと発展していったのです。

3.14

上記のような懸念に対し，社会全体が第一の目標として掲げるべきは一般市民としての感覚を見出すないし回復することです。なおその中身については，かねてよりイギリスにおいて見受けられた国家，文化，民族としての独自性，宗教といったものの多様性への寛容が十分に保障されることを前提とした国民性が存在します。シティズンシップ教育はあらゆる民族や宗教が有する独自性に共通する土台を作り上げる役割を有します。

3.15

4回目の全国調査となる「イギリスにおける少数民族：その多様性と不遇」（*Ethnic Minorities in Britain: Diversity and Disadvantage*，政策問題研究所，1997年）では「イギリスにおいては多文化的な市民という考え方が明確に示されなければならない」のであって，したがって「民族的不遇への取り組みがこれまで以上に様々な形でなされるためには，民族的多様性に対し深い理解を有し，なおかつ自分自身および自身が身を置くと考える社会的集団に対し敬意を表するような市民を育成すべきである」旨提言されています。

3.16

多数派に属する人々は少数派の人々に対し敬意と理解と寛容な態度を示し，また少数派の人々は法や規範や慣習を多数派の人々と同様に理解し遵守しなければなりません。その理由は，単にこれら一連の行為が実益を有するからというにとどまらず，一般市民を育成する上で必要とされるから

という点も含むものです。多元的な社会における国民性についての問題は複雑であり，決して軽んずべきではないことから，上記の点を踏まえるとシティズンシップ教育には特に重点が置かれなければなりません。我々は皆，相互理解をより深める必要があります。そのためには，我々はイギリス（その範囲に含まれる4地域すべてを含んだもの）について理解するのみならず，ヨーロッパやイギリス連邦，更には世界全域における市民性について学ばなければなりません。特に本国における少数民族集団の祖国やイギリスからの主たる移民先の国々に対しては特段の配慮を要することとなります。

3.17

　国務大臣から要求された，白書「学校に卓越さを」（Excellence in Schools）に対する返答として関係機関から示された回答の一部は全般的なねらいが極めて適切に示されており，我々の結論とも通じるものでした。しかしながら回答について一言述べると，第1に8000個もの回答の中で，（David Karr氏のNFERによる全国調査が示すように，ほとんどの学校がシティズンシップ教育に関する何らかの活動を実施していると明言しているにも関わらず）学校におけるシティズンシップ教育の中で扱われるべき項目について見解が述べてあったものはわずか216個のみでした。もっともシティズンシップ教育は数ある新たな提案の一つに過ぎず，また教科横断型学習のテーマとして一応確立されてはいるもののOFSTEDの報告書でもめったにコメントされておらず，したがってこれが学校を評価する上での基準とはなっていないことから，ひょっとするとこの低い回答率は吃驚に値するものではないのかもしれません。その一方で，2つを除いてすべての回答は称賛に値するものではあったものの，（やはりDavid Kerr氏の全国調査に示されていたように）シティズンシップ教育のねらいや目的，もっと率直に言えばシティズンシップ教育とは何であるかについて，明白な意見の一致が見られなかったというのもまた事実です。

3.18

しかしながら，DfEE（Department for Education and Employment: 教育雇用局）の諮問グループは216の回答に対し以下のような総括を行いました。

「シティズンシップ教育に関する質問に対しての回答は数としては少なかったものの，意味のある内容を含むものであった。そのねらいや目的，あるいはシティズンシップ教育に関する概念的枠組みについての明確な意見の一致は見られなかったものの，これらの点について特にコメントを記すよう求めてはいなかったことに鑑みれば，驚くべき結果とは言えない。おそらくここから読み取れる最も明確な内容は，現時点においては現行のカリキュラムの中で扱うにあたってシティズンシップ教育に十分な時間を割くことはできないとの懸念を有する者もいるものの，シティズンシップ教育を発展させその地位を向上させたいという一連の考えに基づく後押しが確実に存在するということ，ほとんどの人がシティズンシップ教育には机上の学習のみならず経験に基づく学習をも伴うものと考えていること，更には多くの人が人格・社会・健康教育（PSHE）における手法との共通性を認識していること，といった点であろう。」

我々は，こと初等教育においては，PSHEとシティズンシップ教育の重要性ならびに手法ないし方式にかなりの共通性があり得ることを認めます。しかし生徒が初等教育から中等教育へと進級する段階となると，その内容に関して意見を異にします。すなわちこの段階においては，その内容に社会制度および政治制度ならびに社会や政治の変化といったものに関する明示的知識が盛り込まれてこなければなりません。シティズンシップ教育は国家的枠組みの中で当然にPSHEとは異なる要項を制定されるに足るほど重要かつ独特のものであるはずです。

3.19

イギリス青年協議会（BYC: The British Youth Council）は300万人余りの18歳から25歳までの若者が名を連ねる100近くの青年団体を代表する機関です。同協議会からの我々への提言は堅固かつ思慮にあふれたもの

であり，全文を引用するに値します。これは我々が入手した多くの提言における共通点ならびに我々の提言に基づいて実現が期待される内容を極めて適切に要約したものとなっています。

「シティズンシップ教育の教育課程の中には民主主義，共同体，社会，市民性といった内容が盛り込まれるべきである。

ここでは議会制民主主義とは何か，それはどのような形で発展を遂げたか，その重要性とは何か，その利点および欠点は何か，といった点に目を向けるべきである。加えて世界各地に存在する他の政治体制ならびに他の議会制民主主義についても注目すべきである。更にこの教育課程の中では地球規模における市民権の重要性が強調されなければならず，また市民権に対する十分な理解が及ばない場合，人々がいかに不当な扱いを受けるかについても示される必要があろう。

そして社会に属する者としての責務，すなわち市民としての権利と義務についても検討されるべきであり，特に子どもや若者が有する市民としての権利と義務，更には大人になるに従ってそれらがどのように変化するかについては，注目がなされるべきである。加えて法律や司法制度にも目を向け，それらが自らの権利と義務にどのような形で関係しているのかについても考察されなければならない。

この教育課程を通じて，子どもたちや若者の中には，共同体や文化の多様性に関する認識，更には彼らが共同体のどの位置にどのような形で収まっているのかについて理解する力が育まれなければならない。そして自身の共同体やその歴史，国民生活において当該共同体が果たす役割等についての理解が育成され，また共同体や社会の多様性に対する理解や，機会均等の問題，国民性，文化的な違いに対する認識についても促進されなければならない。加えて，いかにして一般市民が地域・国内・国際レベルの変化や発展におけるきっかけを生み出してきたかについてもこの教育課程の中で示されるべきである。

またこの教育課程の中では，いじめあるいは肌の色その他を根拠とした『差』といった，社会からの排斥を生み出す要因についても考察されなければならない。生徒にはこの種の排斥が個人や社会に対してもたらす問題や道徳的な社会の枠組みから『こぼれだす』人々が存在する理由について認識してもらう必要がある。

この分野を扱う際には，子どもたちや若者には教育課程を通じて社会における重

要な問題や倫理的問題・課題について探求・理解する力が養われなければならない。

　またこの教育課程には，若者が一般生活の中に有用な形で参画しまた完全なる市民としての地位を獲得する上での準備となるような，実践的技能の育成についても盛り込まれていなければならない。ここでは子どもたちや若者が議論し対話し協力する能力を身につけるべきことが要求される。彼らには説得力のある効果的な議論を交わし，首尾よく交渉し，他者と協力し合う能力が養われなければならない。加えて自分で考え，問題を解決し，有効な決断を下す力もここで育てられなければならない。

　これらの実践的技能は子どもたちや若者にとって訓練となるような方法を用いて確立されなければならない。我々は，実現可能な学校においては，生徒会を設立すべきであると強く考える。生徒会を通じて，子どもたちや若者は意思決定や民主的プロセスの実践をじかに体験することができる。また彼らは学校生活に効果的な形で加わり，自分たちや自分たちが通う学校に関する問題についてじっくり考え取り組むことが可能となる。」

　このBYCによる記述の中で不足している部分は，地域社会におけるボランティア活動や地域社会を通じての学びについての強調，および経済の実情，とりわけ税収に関する考察についてのみです。もっともこれは，ほとんどの構成団体がボランティア活動や社会活動に深く関与していることから，これらの点についてはあくまで当然のこととして捉えているために生じた結果です。かつてある識者が述べたように，人々は時として重要となる前提事項を示しそびれることがあります。

3.20
　しかしながらこの提言の最後は，PSHEとシティズンシップ教育の（すべてではないにせよ）明らかに共通する領域に関する，先の3.18の項での引用とそれに対する我々自身の見解をよく踏まえた，思いもよらぬ興味深い内容で締めくくられていました。

「最後に，我々は［シティズンシップ教育の］教育課程に含まれるべきでない，あるいは少なくとも中心となったり必要以上に入り込まれたりすべきでない領域を設定することが重要であると考える。シティズンシップ教育の中身はややもすれば単に道徳教育をなぞった議論に陥ってしまう傾向にある。すなわち薬物，衛生教育，住宅供給とホームレス，キャリア開発と雇用適性といった主要概念を中心として展開されがちである。

　我々は，市民である若者が直面している最も切迫した問題は，社会やそこでの民主的プロセス，更には市民として彼らが実際に有する権利と義務に関する知識の欠落であると考える。おそらくは多くの圧力団体はシティズンシップ教育の教育課程がこれらの重要な問題で埋め尽くされることを切に願っているであろう。しかしながら一連の問題はPSHEの大きな枠の中で扱われる余地があるものと思われる。シティズンシップ教育の中ではむしろ，市民としての義務であるとか，あるいはより重要なものとして自分たちが市民として暮らす世の中が実際どのように機能しているのかといったことについて，子どもたちが十分理解を得られるよう指導がなされなければならない。」

3.21

　言うまでもなくBYCのこの提案に記された内容は，その代表の若者たちが，指摘されている問題についての議論から目を背けようとしていることを示すものではありません。これが意味するところは，彼らが成年期に達した際にこれら一連の問題に対して一定の影響力を及ぼす上で必要となるであろう政治的教養に関する教育なしでは，彼らは宙ぶらりんの状態に置かれてしまうという趣旨です。一般的に見て適切かつ実践的な道徳的枠組みの範囲内で行われるのであれば，学校教育の中で社会問題について1つずつ取り組んでいくことは有益であるといえるかもしれません。しかしそれらを積み重ねてもなお，政治についての理解が得られたことにはならないでしょう。というのも，政治は異なる価値観や利害関係といったものを，制度を通じて大衆の利益へと歩み寄らせたり仲裁したりするという一連の作用を担うものであるからです。BYCが示した条件は，PSHE（ある

いはその他の社会的な価値体系に関する教育）とシティズンシップ教育の融合ないしは混同に対する適切な警告といえます。（ただし彼らが提示したトピックの一部には，どちらの場面で取り上げるかについて学校側にその判断を委ねることができるものもあるでしょう）

3.22

我々に対するハンサード協会（Hansard Society）からの提言でも上記の考えは支持されており，シティズンシップ教育における一般的目標についても，やや旧来的な言い回しで，BYCや我々と同一の見解を示しました。

> 「シティズンシップ教育における教育課程は政治論や政治的理解の促進を目的とし，また若者の政治的プロセスへの参加を奨励する形で制定されなければならず，加えて性別，人種，文化ないしは宗教に関係なく，個々人やその財産に対する寛容と畏敬の念を養うものでなければならない。更にこの課程を通じて，若者には立派にかつ誠実に振舞い，また法の支配を尊重する姿勢を学んでいってもらう必要がある。同時に自制心と自発性を育成するためにもリーダーシップやチームワークに関する技能の発達が望まれる。若者は自分自身に，そして自らが属する社会に誇りを持てるよう，また自身を世界における市民として捉えられるよう教育されるべきである。」

3.23

最後に，シティズンシップ教育の目標設定に関して，我々は白書に対する回答に見受けられる１つの特徴について注目しておきたいと思います。一部の回答には特定のモデルが掲載されていました。その中でもシティズンシップ財団はシティズンシップ教育の指導法に関し，全授業時間の５パーセントを割り当てた上で「公平性・権利・義務の３つの主要概念に基づいた市民・社会・政治に関する教育はキーステージ３および４において組み込まれるものとし，キーステージ１および２においては一律の内容について扱う時間が確保されるべきである」との案を提唱しています。ハン

サード協会も同様のモデルおよび時間配分を支持しています。その一方で勤労体験学習のモデルは CSV（Community Service Volunteers）やその種の課程を有する学校からの支持を集めています。「成人・労働生活への道」プロジェクト（The Pathways to Adult and Working Life project）については訓練事業審議会（TECs: Training and Enterprise Councils）や企業，実務教育からの賛同が見受けられます。以上の点については，我々が教育課程の枠組みやキーステージ全般における到達目標に関する提案を作成する際に参考としました。（第6項を参照）

第二部　提言

4. 提言の骨子

　我々は全会一致で以下の事項を提言します。

4.1

　シティズンシップ教育はカリキュラムに法的に位置づけられ，その上で各学校はそこに示された義務が十分に果たされている旨を示せなければなりません。

4.2

　当該法定事項に関しては，詳細にわたる学習課程を示す形ではなく，各キーステージにおける具体的な到達目標を設定する形で定められなければなりません。現行ナショナルカリキュラム上の教科に示された，内容と成果の両方を表した要綱に代わるものとして，過不足なく明示された到達目標に基づく成果のみを示した要綱の作成を，我々は提案します。これにより学校は地域の状況や特有の機会に対し柔軟に対応することができ，また他教科との連携を図ったり各学校における現存の優れた実践に基づく課程の特徴を取り込んだりするなどして，シティズンシップ教育に様々な方法で取り組むことが可能となります。

4.3

　到達目標については，OFSTEDがシティズンシップ教育の水準や客観性に関する調査を実施できるよう過不足なく明示されなければなりません。到達目標に関するこの取り組みは，政治教育に関して単一の教え方が強要されているとの批判をなくすとともに，この内容に対し後に政府が介入してくる危険性を低くすることにもつながり得るでしょう。

4.4

　当該法定事項は教育雇用省（DfEE）指令という形で制定されなければならず，またそこには以下のような言明がなされていなければなりません。すなわち大学を含む諸学校におけるシティズンシップ教育では，参加型民主主義の本質と実践に関する知識・技能・重要性，義務・責任・権利および児童・生徒の市民への育成，地域ないしはより広い範囲の社会に関わることの個人・学校・社会にとっての重要性，といった事柄が扱われていなければなりません。地域・国双方における民主主義の慣習および制度に関する理解，ならびに世界情勢や地球規模の問題に対する認識といったものがここで網羅されることとなり，特に前者に関しては議会・政党・圧力団体・ボランティア団体の役割や，イギリスやヨーロッパにおける市民社会と正式な形での政治活動との関係といった内容もここに含まれてきます。また税収と支出との相互関係や社会人の経済的実態といったものに関する基本的理解の習得もここでの対象となります。

4.5

　到達目標は，キーステージ全体を通じて，カリキュラムのわずか５％の時間内に実施可能かどうかの基準に照らして定められなければなりません。この時間については，ブロックやモジュールとして設定する，または個別指導ないしは一般科目の時間の一部に割り振る，あるいは毎週の時間割に組み込むといった方法が可能である。この点に関してはそれぞれの学校に判断を委ねることとします。

4.6

　各学校はシティズンシップ教育と他教科との相互関連性について考慮しなければなりません（シティズンシップ教育と歴史科目との連携には明らかな教育上のメリットが存在する）。これにより，シティズンシップ教育はあらゆる児童・生徒が有する自然権であるとの法的要件を満たす範囲で，学校は

より柔軟な対応が可能となります。(詳しい提案については第7項を参照)

4.7

各学校は，学校の理念・組織・体制といったものをはじめとする学校全体の課題とシティズンシップ教育との関連性について考慮しなければなりません。これは学校が人格・社会・健康教育（PSHE）との連携や児童・生徒の主要技能の発達，更には児童・生徒の精神的・道徳的・社会的・文化的発育（SMSC）の促進を考える上で特に役立つものとなるでしょう。

4.8

ナショナルカリキュラムによる規定は16歳までしか存在しないものの，国務大臣はシティズンシップ教育について提唱された法定事項（が有する地位）に関し，職業教育・学術教育といった教育課程に関係なく16歳を超えて実施される教育・訓練を受けるすべての生徒に対し，いかにしてそれが継続されるべきかについて検討しなければなりません。(詳しい提案については5.5を参照)

4.9

到達目標に関する導入およびその実現は数年間の歳月をかけて段階的に実施されなければなりません。すべてのことが一気に達成できるわけではありません。初期研修や現場研修の実施，あるいは新規教材や改訂版の作成を行うにあたっても準備の時間を要します。また現在のカリキュラム構成を考えた上で学校に生ずる混乱を最小限に抑えるための準備についても同様です。(詳しい提案については5.2を参照)

4.10

子どもたちの教育に直接関わるすべての人々（政治家や公務員，社会における代表者，信仰団体，監査官や理事会，教員研修担当者や教員自身，

親そして児童・生徒自身）に対しては，シティズンシップ教育とは何か，そしてそこで彼らが担うべき中心的役割とはどんなものか，といった点に関して明確な説明がなされなければなりません。我々の議会制民主主義社会における市民あるいは広く政治社会における市民として，社会に参加するあるいはその準備を行う上で必要となる技能・価値観・考え方・知識・理解といったものの学習をシティズンシップ教育に関する法定事項に含むべきことを明確にする上で，上記内容は必要となります。形式的な教授に基づく学習以外にも，政治・社会問題に関する議論などの経験に基づく学習が，学校の内外において適切な形で実施されなければなりません。

4.11

地域・国双方のレベルにおける公共団体は，シティズンシップ教育に関する自身の責務を果たすための最善の策を講じなければなりません。両議院・地方自治体等の公共団体にはシティズンシップ教育に関する相当の対策が期待されます。すなわち公共団体には，特に訪問施設を提供するなどして，児童・生徒がシティズンシップ教育を学ぶ上での支援体制を確立・改善してもらわなければなりません。我々は公共団体に対し，この点について早急に注意を向けるよう強く要請します。当該団体は，一般社会における公共団体としての在り方，特に若者との関係が児童・生徒のシティズンシップ教育やその学習に対する姿勢に与える影響について自覚しなければなりません。

4.12

QCAがナショナルカリキュラムの改訂に関する総合的な勧告を行う際には，我々の提言や他から出された提案の中で各キーステージにおける授業時数の設定に関する内容に対してしっかりと目を向けなければなりません。我々の提言により，学校のカリキュラムにおける新たな学習分野についての授業時数の取り決めに関して教員間で不安が広がるのではないかと

いう点について，我々は認識しています。カリキュラムの拡張に関する問題は我々の検討事項の対象からは外れるものの，この提言のせいで他の教科に犠牲が生じたり何らかのカリキュラム削減が発生したりといったことがあってはならない，という旨を我々は強調しておきたいと思います。

4.13

　発想の新規性と政治的過敏性からして，シティズンシップ教育の発展を監督し，また必要に応じて法定事項や到達目標，監査方法や教員養成法といったものの改正に関しそれぞれに見合う形で助言を行う，シティズンシップ教育委員会（Commission on Citizenship Education）が常設されなければなりません。同委員会は国務大臣によって任命され，DfEE・QCAの双方とはある程度一線を画した存在であることが求められます。また同委員会は超党派の代表を含むなど，我々よりも幅広いメンバーによって構成されるべきです。（詳しい提案については5.11を参照）

5. 今後の方法

　本章では，我々の本質的提言に基づいた学校における有効な形での，シティズンシップ教育を確実に実現させる上で必要になると思われる事柄について，極めて実践的な方法により詳述していきたいと思います。

5.1　シティズンシップ教育における到達目標

5.1.1

　すでに4.2において述べたとおり，我々はシティズンシップ教育に関するカリキュラム上の法定事項については，各キーステージにおける具体的な到達目標を設定する形で定められるべきことを提案しています。一連の到達目標に関する詳細については，第6項においてシティズンシップ教育

に関する教育課程の枠組みや学校における民主主義教育について記す中で詳しく述べることとします。

5.1.2

　教育課程の枠組みと到達目標の作成方法に関して。我々は当グループの専門役員である David Kerr 氏を委員長とし，ベテラン教員ならびにシティズンシップ教育の実践者を初等教育（キーステージ1と2）と中等教育（キーステージ3と4）の2つの小グループに分割しました。この2つの小グループは最初に合同の会合を開き，出発点として，数々の市民団体や地域市民組織の後援のもとで発展を続ける地方教育局（LEAs）や学校における事例の他，「カリキュラム指針8：シティズンシップ教育」（*Curriculum Guidance 8: Education for Citizenship*）や議長団による報告書「シティズンシップ教育の推進」（*Encouraging Citizenship*），海外，特にアイルランド共和国・スコットランド・オーストラリアにおけるシティズンシップ教育に関する複数のモデルや枠組み，といった過去の提案も話し合いの中で取り上げました。その上で，イギリスの現状に則したシティズンシップ教育の枠組みを作成するにあたり，同グループは上記のあらゆる資料から内容・発想・用語といったものを参考にし利用しました。その後同グループは，完成した枠組みを4つのキーステージにおける到達目標を作成する際の共通の基準として設定しました。こうして出来上がった到達目標は人格・社会・健康教育（PSHE）に関する国家政策協議会（National Advisory Group on Personal, Social and Health Education），創造的文化的教育に関する国家諮問委員会（the National Advisory Committee on Creativity and Cultural Education），開発認識作業部会（the Development Awareness Working Group），環境維持開発委員会（the Sustainable Development Panel）および Calouste Gulbenkian 財団のパスポートプロジェクト（the Calouste Gulbenkian Foundation Passport Project）にすでに報告されています。

5.2　シティズンシップ教育に関する法定事項の段階的導入

5.2.1

我々の第一次報告書には新規法定事項に関する内容の長期的段階的導入についての説明が記されました。現段階において我々は，シティズンシップ教育および民主主義教育の全般的なねらいについて記された4.4の中に提示されているシティズンシップ教育に関する法定事項については，2000年9月より実施されるその他の点に関する（the other）改正ナショナルカリキュラムが施行されると同時に法的拘束力が発生すべき旨提言します。ただし4.2で提示され第6項において詳しく述べられている具体的な到達目標に関しては，以下の通り段階的に導入され得ます。

5.2.2

大学を含む諸学校は，2000年9月よりシティズンシップ教育の講座を開始すべきです。その際，4.5および4.6で示されている時間配分を意識しつつ，4.4に提示されている法定事項の一般的な精神および意図を踏まえ，学校が現在有する教材に最も適した方法で，他教科との有効な連携の可能性をあらゆる形で図りながら（この点については第7項の提言を参照）シティズンシップ教育が実施されることが望まれます。

5.2.3

到達目標を含む新たな要件はキーステージ1においては2001年から，キーステージ2においては2002年から適用されることを望んでいます。初等教育に関しては現在のカリキュラムと共通する部分がPSEやPSHEをはじめとしてかなり多く存在するため，キーステージ2における追加事項については比較的容易に適応され得るものと我々は考えています。

5.2.4

新たな要件はキーステージ3においては2002年から，キーステージ4においては2004年から適用されることを望んでいます。我々としては，本レポートに記載された提言の完全な実施に向けた（教材と教員研修の両方に関する）準備の時間を各学校に与えることを意図して，このような設定を行っています。

5.2.5

2000年9月より大学を含む諸学校には，シティズンシップ教育における一貫性のある教育課程の実施に向けどのように教材や時間を利用するのかを，実際に披露してもらうことが望まれます。なおここでの教育課程は，到達目標の漸進的な導入を盛り込むなど本レポートに提示された論旨や優先事項を反映させたものである必要があります。また教育課程は，学校が現在有する教材に最も適した方法に基づき，加えて他教科との有効な連携の可能性をあらゆる形で図りながら，考案されなければなりません。

5.3　学校内および社会における積極的なシティズンシップ

5.3.1

「積極的なシティズンシップ」は我々の一貫した目標です。本レポートの第一部では，地域・国内・国際間の各種問題に対し，地域社会や地域および国のボランティア団体と良好な関係を構築しつつ取り組んでいる例を紹介しました。また市民性を有する成人にむけた正式な準備としての学校における教育は，常に学校の理念・組織の影響を良くも悪くも受け得ることは明らかです。すなわち児童・生徒が責任を与えられたり自発性を発揮したりする機会を有するか否か，あるいは学校の効率的な運営ならびに全般的な学習意欲の双方に関わると認められる児童・生徒からの意見が存在する場面において，彼らが問題に対して影響力のある意見を述べる機会を

与えられているか否か，といった点が問題となります。これらの事項は，一部の学校においては日常的に実践されている一方，他の学校においては全くないしはたまにしか行われていません。

5.3.2
　　我々は，学校主導の奉仕活動を通じた学習ないし社会参加をシティズンシップ教育に関する新たな法定事項の中に盛り込むべきか，そして生徒会の設置を義務づける等の学校組織に対する提言を掲載すべきかについても議論しました。しかしながら我々は，主としてこれが学校や教員にとって過度な負担となることを懸念し，現段階においては法定事項の中に上記内容の掲載を求めないとの判断を下しました。ただしこの点については，4.13で提唱したとおり引き続きシティズンシップ教育委員会による検討の対象とされるべきです。その上でなお，上記2点は学校とその周辺社会との良好な関係を示す追加的要因として認められ，教育水準局監査官や地方教育局が学校の業績全般についてコメントする際には，これらの積極的な存在の有無について評価がなされてしかるべきです。我々はまいた種から芽が出ることを望んでいます。そこで本レポートには学校内外において行われている効果的な実践例を掲載することとしました。

5.3.3
　　シティズンシップ教育は，地域社会の積極的貢献が存在する場合や，地方議会議員・国会（下院）議員・欧州議会議員を含む公共団体，ボランティア団体，ならびに警察や信仰団体といった地域機関がその学習や活動に関わる場合において，より強化されかつ効果の高いものになると我々は考えています。

5.3.4
　　我々の協議における終盤の場面で，上記のような関与体制を支援するた

めの地域評議会（Community Forums）を各地域に設置すべきとの提案が持ち上がりました。同評議会のメンバーは，若者の他にも，特に地域のトップ，選挙により選ばれた代表者，信仰団体，警察，教員，親や理事会といった，シティズンシップ教育に関心のあるあらゆる人々によって構成され得ます。メンバーの任務および職責には自身の経験や専門知識を皆と共有するといったことも含まれてくるでしょう。具体的には児童・生徒が代表者と会ったり奉仕活動を通じた学習や社会参加の機会を提供したり，あるいは教材の調整や宣伝を行ったりといったことがこれにあたります。なお我々は，このような地域評議会の設立ならびにシティズンシップ教育において同評議会が果たすべき任務および職責に関するより明確な定義づけといった点については，更なる検討を要する旨提言します。

5.3.5

児童・生徒には，全国統一学習達成記録（National Record of Achievement: NRA）が示す内容に従って，社会活動や奉仕活動を通じた学習の記録を残しておくよう指導するのが望ましいと思われます。そうしておけば彼らは自らの学習履歴および学習計画を記す際の証拠ならびに進路指導の際の資料として，この記録を利用することができます。

5.3.6

我々はミレニアムボランティア（the Millennium Volunteers），児童・生徒の動機づけに関する国家的枠組み（National Framework for Pupils' Motivation），学習支援に関する国家的枠組み（National Framework for Study Support），教育対策特別地域（Education Action Zones），学校有効性プログラム（School Effectiveness Programmes），社会的排斥対策プログラム（Social Exclusion Programmes）といった他の多くの提案と我々のレポートとの関連性に注目しました。我々はこれらの提案が展開されればシティズンシップ教育における指導や学習との相互作用が期待できると考えています。

> バーミンガムのボーズレーグリーン小学校では，3年生のクラスが地元にある「理想公園(Ideal Park)」という現実とは程遠い名の公園の現状に対する意見を，市議会に対し手紙で訴えることにした。彼らはゴミや落書き，犬のフンや壊れた遊具といったものを指摘した上で，それらを正常な状態に戻すために彼らができることについて，提案を行った。市議会と公園課は同クラスと会合を持ち，間もなく児童と市議会は同公園を劇的に改良すべく協力することとなった。その結果，公園の監視および手入れの支援に対し正式な形での責任を有する新たな自治会が設立されるに至った。

5.4 意見の分かれる問題の取り扱い

5.4.1

　我々は1.9において，本レポートには意見の分かれる問題（controversial issues）を取り扱う際の指導法について掲載されている旨述べました。これについては第10項において詳述しています。この指導法は，この分野に長期にわたり関心を寄せその第一人者としての専門知識を有するAlex Porter教授を委員長とし，また児童・生徒の精神的・道徳的・社会的・文化的発育（SMSC）の促進に関するQCAの試験的研究の監督者であるMarianne Talbotも名を連ねる小グループにより作成されました。なおこの指導法については人格・社会・健康教育（PSHE）に関する国家政策協議会（the National Advisory Group on Personal, Social and Health Education）およびCalouste Gulbenkian財団のパスポートプロジェクト（the Calouste Gulbenkian Foundation Passport Project）にすでに報告されています。

5.5 16歳以降の学習との関係

5.5.1

　イギリス産業連盟（CBI）による1998年4月発表の報告書「より大きな

期待：将来のカリキュラムにおける最優先事項」(*Greater Expectations: Priorities for the Future Curriculum*) では「カリキュラムに盛り込まれるべき個人の発達に関する4つの明確な個別的要素としてシティズンシップ教育，価値観や態度の育成，主要技能の育成，キャリア計画」を挙げています。同報告書では「シティズンシップ教育に関するすべての要素…すなわち民主主義や経済・産業に対する理解，人格・社会教育および（キーステージ3と4において）正式なキャリア教育と進路指導…を盛り込んだ新たな教科（ないしは準教科）が存在すべき」旨の提案が示されています。またそのあとには「ナショナルカリキュラムと国家資格認定制度との間に学びの連続性が存在すべき」であり，「14歳以前と16歳以降の学習計画は適切なつながりを欠いている…」との文言が抜け目なく記されています。

5.5.2

労働組合会議 (TUC: The Trades Union Congress) は，教職組合員は「ナショナルカリキュラムの改訂が完了する前に，教員に対して更なる負担が課されるのではないかと多少警戒している」との重要な警告（この点については我々も同一の見解を有する）を示すとともに，シティズンシップ教育を法的に義務化すべきとの我々の提案に強く賛同しています。また同団体もこの種の教育が16歳以降も継続されるべきであると考えています。

5.5.3

市民を育てるための教育は，若者が仕事の世界の中で大人の市民としての機会・権利・義務といったものにより多く触れ始める16歳という年齢においては明らかに終わり得ないものです。若者が学生の立場にあろうと職業訓練の立場にあろうと，市民性の考え方やその実践に対する探求が必要とされることは明白です。我々はユースサービス (the Youth Service) やボランティア団体，その他シティズンシップ教育に寄与する関係団体ならびに様々な教育・訓練機関が有する，我々が提案する学校カリキュラム

の基盤の下ないしは上に存在する潜在的価値に大いに期待しています。

5.5.4

継続教育（FE: further education）のための大学はPSHEやSMSCを実施する義務を負ってはいません。しかしながらほぼすべての大学は，学生が自身の専門分野の学問や訓練といった枠組みを超えて学ぶ機会を用意しており，「補強活動」（enrichment activities）として知られています。1996年3月，継続教育財政審議会（FEFC: Further Education Funding Council）は，「カリキュラムの強化」（*Enrichment of the Curriculum*）というタイトルの報告書を発表しました。これは上記のような活動に対する強い意欲を示すもので，その一部については「シティズンシップ教育」と表現し得るものであると指摘しています。しかしながら同報告書には，これらの目標や活動内容について明確に規定することは難しく，また通常は16歳から19歳といった若者を対象としたものであり，それより上の学生を対象として含むことはあまり想定していない，と記してあります。我々は，学校におけるシティズンシップ教育の枠組みや具体的な到達目標が設定されることにより，大学においても一貫性のある補強活動の課程が展開されるものと考えています。

5.5.5

継続教育の課程においてシティズンシップ教育の実施を要件とするのであれば，学校でGCSEやGCSのAレベルの課程を履修している生徒に対してシティズンシップ教育が実施されないなどということはあり得ません。しかし現状をみると政治学，行政学，社会学といった課程を履修する者は比較的少数であり，望ましい状況とは言えないことは明らかです。付け加えるならば，将来においてはこれらの科目の教員が学校におけるシティズンシップ教育の指導や現場研修の支援を通じてより重要かつ幅広い役割を担う可能性は否めないものの，これら一連の課程は，社会における

関係や政治的教養を内容に含むとする我々の描いているシティズンシップ教育の概念よりも狭い範囲のものでしかありません。

5.5.6
　シティズンシップ教育を継続して実施すべきとの要件を時間の割り当てを明確に定めた上で加える，例えば一般科目修了の資格をすでに取得した多くの12年生および13年生対象の活動を実施するといったことも視野に入れられます。あるいは，共通となる核を含みつつもそれ以外の内容として職業的であるか学術的であるかを問わず自身が修了した具体的な課程と関連づけたものをそこに規定した，シティズンシップ教育修了書を作成することも考えられます。

5.5.7
　16歳以降の教育については我々の検討事項の範疇外のものであることから，この分野の詳細にわたる提案は行われてはいません。とはいえ我々は，16歳までの要件を規定すれば，シティズンシップ教育に関連して行われる新規のあるいは修正された調査にはかなりの期待がかけられることになるのではないかと予想しています。ただしそれだけでは，この一連の変化は全員には浸透しないでしょう。

5.5.8
　それでもなお，シティズンシップ教育が学校のみならず国家の存続のためにも重要であると認められるのであれば，これは16歳以降においても継続されなければなりません。そこで我々は以下の事柄を推奨します。
(a)　シティズンシップ教育は法定事項として，教育・訓練課程を履修する16歳以降の就学期間中の学生に対しても継続されなければならない。
(b)　委員会は，労働の世界や社会活動において高まる複雑性や柔軟性ならびに16歳以降の課程における範囲や包括性を考慮に入れており，かつ16

歳以前の学校教育の上に積み重ねられた適切な到達目標を伴う，一貫性のあるシティズンシップ教育の課程が存在することを確実にすべく，この問題について直ちに調査を行わなければならない。

5.6 評価に関する注意

5.6.1

　もし評価と通知（通信簿への記載）に関する我々の提案の内容が十分に理解されれば，シティズンシップ教育における学習は，その水準を高め，児童・生徒が自身の潜在的能力を最大限に開花させる上でもまた大いに力を発揮するはずです。我々はシティズンシップ教育の場合，児童・生徒の発達に関する評価と通知については，現行ナショナルカリキュラムの各教科において行われているようなやり方は不適切であると結論付けました。ただしこれは我々がシティズンシップ教育を厳格さや鋭さのない「軽いもの」としてカリキュラム上位置付けていることを意味するものではありません。

5.6.2

　我々はシティズンシップ教育における評価と通知については，明確に示された到達目標を基準として行われるべきとの立場を有します。こうすることで内的にも外的にも公平かつ厳密な基準での評価，通知，監査といったものを行えることとなります。すなわちシティズンシップ教育における学習を通じた児童・生徒の発達や成長を教員が評価することが可能となります。またこれは (a) シティズンシップ教育における児童・生徒の発達を，学校が当該生徒の年間通知表を通して保護者に報告する手段，(b) シティズンシップ教育に対する学校としての取り組みを，理事会の年次報告書を通じてまとめて保護者に概説する手段，(c) 学校内または学校間においてシティズンシップ教育の水準や客観性を検討するための手段，(d) 教育水

準局監査官が学校におけるシティズンシップ教育の質や児童・生徒の発達の内容に関する判断を行う際に参考となる情報提供の手段などに用いることもできます。

> プリマスの「リプソン系諸学校」（リプソンコミュニティカレッジとその７つの附属小学校を含む）はハイフィールド小学校の革新的な取り組みを基盤とし，初等教育から中等教育における参加型体験の連続性を確保しようと試みている。各学校は毎月協議会を開催し，また一番小さな児童でも自由な考えや意見の交換の場に携わる機会を確保するとともに，議題に関する採決（その結果はのちに学級や学年の代表者を通して生徒会に送られる）を行うための「サークルタイム」を実施している。これまでに話し合われた議題にはカリキュラムの再検討，個人的な争いの仲裁，制服デザインの変更，上級生が遊び場で「守り神」として活躍する「いじめ撲滅」キャンペーン，更には新しい教員の選考への関与といったものが存在する。３年前に導入された参加型計画の結果生じた素行・出席・学識・児童の自尊心の向上といった点の改善・上達について，学校は慎重に観察を行っている。小学校の教員は自分たちの努力が中等教育においても引き継がれていることに手ごたえを感じている。

5.7　政府機関との関係

5.7.1

　本レポートは教育政策の制定と実行ならびに政策の導入に伴う教員や学校への支援に関与してきた政府機関，中でも DfEE, QCA, OFSTED, TTA（Teacher Training Agency: 教員養成委員会）といったものと密接な関係を有するものとなるでしょう。本レポートと OFSTED および TTA との具体的関係については以下の 5.8 および 5.9 に明示してあります。もっとも我々の提案がもたらす影響については，すべての政府機関がその活動を行うにあたって考慮に入れるべきことが必要不可欠といえます。

5.8　OFSTED の活動との関係

5.8.1

　監査の重要性は本レポートにおいて一貫して述べているところであります。「OFSTED による監査の枠組み」(*OFSTED Framework for Inspection*) ではすでにシティズンシップ教育の幅広い基礎に対する監査について規定しています。

(a)（4.2）－態度・姿勢・人格の発達に関して，監査官は積極的な態度や責任ある姿勢を示した度合いなど，児童・生徒が社会生活にどれほど貢献したかを基準に評価を行うこととなる。

(b)（5.3）－児童・生徒の精神的・道徳的・社会的・文化的発育に関して，監査官は他者との積極的な関わり，責任ある姿勢，社会への本格的な参加，市民性に対する理解の促進といったものを学校が児童・生徒に対しどれほど働きかけたかを基準に評価を行うこととなる。

(c)（5.5）－保護者や社会との連携に関しては，社会とのつながりによって生じる学校活動の充実具合（初等教育），更にはボランティア活動向けの施設・設備の充実具合（中等教育）といったものついての判断が下されることとなる。

5.8.2

　ナショナルカリキュラム改訂に伴いシティズンシップ教育が導入される際に示されるべき，査察およびそのより具体的な手引きに関する原則については，このようにすでに存在しています。

5.9 TTAの活動との関係

5.9.1

　本提案が教員の初期研修および現場研修ならびに教員の採用・補充に対して与える影響について，我々は強く意識しています。効果的なシティズンシップ教育を実施する上で鍵となるのは，他の教科同様，専門分野に関し最大級の資質を有する新人を採用することと，教員の要求に応えられるようなしっかりと目標を定めた研修を確実に実施することです。シティズンシップ教育における効果的な学習を裏打ちする対話式の指導法をうまく遂行する上で必要となる知識，理解，能力，自信といったものは教員にとってなくてはならないものです。認定教員資格（QTS: Qualified Teacher Status），教科主任資格，特殊教育教員資格（SENCOs: special education needs co-ordinators），および校長資格のそれぞれの国家基準においては，シティズンシップ教育の大切さを十分に考慮した上で，専門分野におけるこれらの重要な点に対する要求を明示すべきであると我々は主張します。

5.9.2

　高等教育学校等における教員養成課程（ITT: initial teacher training）の担当者全員に対しては，我々の提案を考慮に入れた上で，研修を行う際には適切な対応をとることが望まれます。我々は以下の通り提言します。

(a)　高等教育学校等において教員養成課程の担当者は全員，その最終レポートの写しを受け取る。

(b)　シティズンシップ教育委員会はTTAと連携し，教員養成課程の担当者全員が研修を実施するにあたって，我々の提案の内容を詳しく理解しその意味合いを十分に考えることができるよう取り組む。

(c)　シティズンシップ教育委員会はTTAと協力し，教員養成課程の履修

者がシティズンシップ教育を効果的に実施する上で必要となる一連の知識・理解・能力を体得し向上するための十分な機会を得られるよう，現在の認定教員資格(QTS)の国家基準および教員養成のためのナショナルカリキュラム（1998年4月）に示されている要件をいかに解釈するかについての指導・助言を教員養成課程の担当者に対し行う。

(d) 教員養成課程の担当者は，シティズンシップ教育との関連性を有する講座の中では同項目に対し重点を置くことが望まれる。特に歴史・地理・国語といった教科に代表されるような「シティズンシップ教育における原理」との連携可能性が極めて強い部分において，この点は最も強調される。

(e) シティズンシップ教育の指導に関し，新任教員がその専門的能力を開発する上で更に必要とされる事柄についての判断を行う際には，新任教員プロフィール（Career Entry Profile）を用いることができる。このプロフィールは，教員養成課程と初任者教員研修年度をつなぐ重要な架け橋としての役割を果たす。

5.9.3
　我々の提案は引き続き行われる教員の現場研修に対しても影響を与えるものとなります。我々は以下の通り提言します。

(a) 教員はこの分野における自身の専門的能力の開発に対し責任を持つよう支援・推奨されるべきである。

(b) 教員がシティズンシップ教育における到達目標の達成に向け自信を持って指導できるよう，特に知識と理解の項目に関する質の高い研修が十分に提供されるべきである。なおこの点においては，中等教育の現場でシティズンシップ教育の指導を行う者に対しては，特別な研修を行う必要性があるかもしれない。

(c) シティズンシップ教育委員会はTTAと協力し，教科主任資格，特殊教育教員資格（SENCOs），および校長資格のそれぞれの国家基準に示された，シティズンシップ教育において扱われる「責任」についての十分な理解が確実に得られるよう働きかけなければならない。

(d) 全国教育ネットワーク（National Grid for Learning）や仮想教員センター（VTC: Virtual Teachers Centre）を効果的に利用し，有効な助言，優れた実践例の記録，良質な教材がそこから生み出されるべきである。

(e) 校長職を目指す人々が学校におけるシティズンシップ教育に対し適切な認識と理解を有するよう，全国校長資格（NPQH: National Professional Qualification for Headship）のような国による校長向けの研修の場面では，本レポートが重要視されるべきである。

5.9.4

我々の提案は教員の採用・補充に対しても影響を与えるものとなります。我々は以下の通り提言します。

(a) DfEEは，教員養成課程においてシティズンシップ教育に関する内容を取り扱いつつも今の段階では別の項目（例えば社会科学）として分類されている講座や課程の数を増やすことを検討すべきである。これにより社会科学や政治学，哲学といったものを専攻した人々をより多く採用し，結果としてシティズンシップ教育を指導する上で最も適任とされる教員の数を増加させることが可能となる。

(b) 教員養成課程の担当者は選考過程において，志願者の市民活動に対する経験と理解，特に社会参加に関する点にかなりの重点を置くべきである。チューターおよび教員が研修課程の中で当該人物を指導する際に土台とすべき部分が，これにより明らかになる場合もあるであろう。

5.10 シティズンシップ教育の実施に向けた準備

5.10.1

適切な準備が施されない限り、シティズンシップ教育を導入したのみではその目標を達成することはできません。この新規事項の導入にあたっては、その段階的導入、既存の優れた実践を基にした組み立て、キーステージ1および2におけるPSEやPSHEを通じた取り組み、TTAの役割といったものに関する我々の提案が役に立つでしょう。そして何よりも厳格な規定ではなく提唱された到達目標に基づいた教育課程が、この新規事項の導入に役立つでしょう。それでもなお、適切な新規の教材は必要不可欠であり、それには様々な種類のものがあります。ただし学校は圧力団体や政治活動団体が提供するものに依存すべきではありません。それらがどんなに立派な団体であっても、教育課程における優先事項を反映してはいません。学校においては教材や本を購入するための追加資金が必要となるでしょう。

5.10.2

教員研修との関係についてはすでに5.9において述べた通りです。ただしこれに加えて我々は、教員や学校に対する適切な現場研修や補助プログラムを支援するために、シティズンシップ教育導入後の早い段階において教育水準補助金（Standards Fund）による追加供給がなされるべき旨提言します。この種のプログラムは地域ないしは区域レベルでの実施が可能であり、また高等教育機関、市民団体、ボランティア団体、社会団体、教員集団や教師協会、地方教育局、教科の団体といった幅広い研修機関・組織によって実行可能とされるものです。

5.10.3

学校内外における優れた実践例に関する解説書および報告書を含む、シ

ティズンシップ教育の指導や学習に関する教材や連絡先の一覧が，QCAによる支援のもと作成されることが期待されます。なおここには海外やイギリスの他の地域における事例も，関連性のあるものについては含まれるべきです。この一覧はウェブサイトを通じても閲覧可能であり，かつそこでお互いに意見を述べたり体験を分かち合ったりする機会が設けられるべきであり，またこれにより全国教育ネットワークや仮想教員センターによって提供された機会が最大限に活用されることも望まれます。これは上記5.3.6において言及した組織以外にも，教員や学校同士の積極的な連携体制を内外において構築させていく上で重要となります。

5.10.4

どのような規模であれこの分野に初めて足を踏み入れた学校や教員の中には，到達目標の達成に向けた機会・活動への取り組み方や準備の仕方について指導・助言を望む者も現れてくることでしょう。提言4.2に記した理由から，我々は硬直な指導法へとつながるものについては一切認めないとの立場を有します。どれほど寛容な表現を用いたとしても，実際にはそのような指導法は，まさに到達目標そのものである大いなる自由と柔軟性を奪いかねないものであり，また国民からも政治的・社会的な問題や価値観について一方向的な教育が強いられるのではないかとの懸念が高まることとなるでしょう。そこで我々は，5.10.2において示されたような団体に対する，シティズンシップ教育における教育課程の全部または一部に関する指導法や教材の準備のための財政的支援を目的とした基金を，DfEEかQCAに設立すべきである旨提言します。あらゆる場面において当該財政支援団体は，必要があれば既存のものに代わる新規の指導書や教材の委託または依頼を行うなどして，これまでとは異なる別の指導法が提示できる状況を確実に作っておかなければなりません。

5.10.5

　言うまでもなく出版社はこの新しい分野に反応し、また一般の市場も新規教材の作成にあたっては力となってくれることでしょう。それでもなお、シティズンシップ教育委員会はナショナルカリキュラムの改訂版が発表された後、直ちに2種類の会合ないしは小会議を招集する準備をしておかなければなりません。すなわち(a) 出版社に対しその職務遂行に向けて、シティズンシップ教育の意義および内容についての概要を伝えるための会議と、(b) 代替案、目標、方法、更には中心となる財政支援団体のほかパブリックセクターやボランティア・チャリティセクターにおける現存のあるいは将来における教材提供者との連携可能性といったものについて話し合うための会議が必要となります。もちろん教材や情報が提供されても、それを購入するための資金がなければ、いかなる場合においてもそれらは無意味なものとなってしまいます。

> **ウルバーハンプトンのチェスリンヘイ小学校**は、初等・中等教育における児童・生徒を対象とし、年齢と能力に適応する形で特別に選択された生のニューストピックを用いて実施される「ニュースワイズ」(Newswise) と呼ばれる企画に参加している学校の1つである。児童・生徒たちはインターネットを利用することにより、身近で関連性があり興味深く、またニュースの内容に対する深い探求・分析を助長し（教材にはそのニュースに関する一定の問題や課題も含まれているため）、更には特定の学級内のみならず様々な場所にいる他の教材利用者との間でも問題を共有することのできる教材に触れることができる。この企画に対する評価として、シティズンシップ教育に関する学習とともに読み書きとITに関する能力の育成をも助長するこの良質な教材は称賛に値すると教員からも認められている。
> ニュースワイズのアドレスはこちら <*www.ndirect.co.uk/ - sapere/Newswise*>

5.11　常設のシティズンシップ教育委員会の付託条項と構成に関する提案

5.11.1

　我々は4.13において、国務大臣への提案としてシティズンシップ教育委員会について触れましたので、この点について繰り返し述べる必要はな

いでしょう。公共の利益の保護はもちろんのこと，公然とその実施を求めることも明らかに必要とされています。

5.11.2

そこで我々は以下の通り提言します。

(a) シティズンシップ教育委員会が国務大臣によって設立されなければならない。同委員会は，シティズンシップ教育の実施に伴う発展と課題について監督・精査するとの付託条項を有し，また国務大臣およびQCAに対し勧告を行い，委員が適当であると認めるときにはその内容を公表する権限を有する。

(b) 同委員会はQCA，OFSTED，およびTTAから年次報告書を受け取る正当な権限を有する。

(c) 同委員会は利害関係を有する他の市民団体やボランティア団体からの提案を受領し，またそれに回答しなければならない。

(d) 同委員会は最低年2回会合を開き（ただし委員の過半数が要求する場合には追加の会合を開くことができる），年次報告書を公表しなければならない。

(e) 同委員会は国会からの超党派の代表，教員，教員組織の代表，保護者団体，市民団体およびボランティア活動団体，メディア，民族・宗教団体，その他の著名人（例えば公共の利益を保護する立場の者）等に加えて，就学期間中の若者も含む形で構成されなければならない。またDfEE，OFSTED，TTAからの立会人も含まれていなければならない。

(f) 適切な管理・支援事業が展開されなければならない。

第三部　詳説

6. シティズンシップ教育の枠組み：到達目標

6.1　論拠

6.1.1

　我々の付託事項において要請されている通り，到達目標は学校におけるシティズンシップ教育とその学習における広範な枠組みの一部をなすものです。この枠組みは学校におけるシティズンシップ教育の良い例はどのようなものか，どうすればうまく実施できるか，といったものの基準となるものです。これは第一次報告書にも述べられている通りシティズンシップ教育におけるねらいと目的を基に作り上げられ，またこれによりシティズンシップ教育がもたらす事柄や学校内外における機会をはじめとするシティズンシップ教育への取り組み方がより一層明確となることが期待されます。

6.1.2

　このような形で，学校におけるシティズンシップ教育の指導および社会を主体とした学習・活動（1.10 を参照）を確立することで児童・生徒，教員，学校，および社会全体に対しもたらされる恩恵についての明確な理解が，この枠組みを通じて確実に得られることが期待されます。具体的にはこの枠組みがもたらす利点として，何を教えるべきか，どのような形で教えることができるかといった点が教員に対しより一層明確に示される，児童・生徒に対し到達目標が明確に示される，学習を通じた児童・生徒の成長・発達に関する評価についての明確な基準が示される，既存の指導法と学習の機会を組み合わせたり地域社会と積極的に向き合ったりする際に学校にとってのよい基盤となる，といったものが挙げられます。すべての児童・生徒に向けた有効なシティズンシップ教育を展開するにあたって，時

間とともにこの枠組みを通じて教員がシティズンシップ教育に対する自信と専門性を高めることが望まれます。

6.2 指針

到達目標は数々の指針に基づいて設定され，以下の事柄の確保をねらいとしています。

6.2.1 広範性と均衡性

学校教育を通じて児童・生徒が体得すべき教育上の経験の範囲と質を広く深いものとすること。

6.2.2 一貫性

習得すべき概念，価値観と性向，技能と適性，知識と理解ならびに教育上の経験の範囲といった点に関して，児童・生徒から見て一貫性が認められるシティズンシップ教育を受ける権利を保証すること。

6.2.3 継続性と発展性

開発的・順次的であり，また児童・生徒が各キーステージにおいて習得すべき概念，価値観と性向，技能と適性，知識と理解といったものの強化とより一層の発展を図る，学習成果を通じた個々の学びの継続性と発展性を確保すること。

6.2.4 関連性

社会的・道徳的・文化的・政治的・経済的環境に関し，当面および将来において児童・生徒が必要とし関心を寄せるものを取り扱うこと，ならびに児童・生徒の授業，学校，社会全般に対する前向きな態度の育成に寄与すること。

6.2.5 質

教員には，異なる適性・能力・周囲の環境に対する十分な配慮を伴う最高峰の教育の実践に向けた努力を求め，また生徒がそれを享受できるよう支援すること。

6.2.6 学習可能性と包括性

すべての児童・生徒が，効果的なシティズンシップ教育の構成要素となるあらゆる授業，活動，経験に携わる機会を確実に得ること。

なおこれらの指針はシティズンシップ教育に限らず学校のカリキュラム全般における目標および優先事項として不可欠な要素であるとの認識を有することが重要です。

6.3 学習の過程

シティズンシップ教育の学習は様々な要因の影響を受けます。

6.3.1 学校全体による取り組み

全校活動や全校集会をはじめとする学校の理念・組織・体制・日々の習慣はシティズンシップ教育の実効性に重大な影響を与えるとの認識が高まりつつあります。このような校風や慣習を通して，学校は生徒の学習と発達に良くも悪くも多大な影響力を与え得る黙示的ないしは明示的なメッセージを伝えています。学校はこれらの理念・組織・日々の習慣がシティズンシップ教育のねらいや目的とどれほど一致するか検討した上で，行動的市民に向けた児童・生徒の発達を確認し引き伸ばすべきです。特に児童・生徒が当然に意見を有すものと思われる学校生活のあらゆる面に関する議論や協議に彼らが携わるための，また可能な限り児童・生徒に学校運営の一部を担うという責任を負わせ経験を積ませるための，あらゆる努力を

学校は惜しむべきではありません。ここには学校の施設・組織・規則・関わり合いおよび指導と学習に関する事柄も含まれます。このような取り組みは生徒会やクラス会といった公式な組織を通じて実施することも，学校生活に関し生徒が日々向き合っていく過程において非公式な形で実施することも可能です。児童・生徒たちの中に「自分たちの学校」という意識を植え付けることによって，あらゆる教科の学習に対する意欲の向上が期待されます。

> **ハンプシャー州イーストレイのフェアオーク小学校**は4年間にわたり生徒会が存在している。同生徒会は着実に実効性を高めており学校内におけるいじめを減少させる上で大変効果的な役割をはたしている。生徒会のメンバーは定期的に「有権者たちとの面会時間」を設けている。それ以上にほぼすべての児童が関わる最も独特な活動は学校新聞「公正批判」(*Fair Comment*) の作成で，これは6000部印刷されその地域全体に配布される。全20ページのうちの4ページはカラー印刷されるなど本格的な印刷技術が用いられ，さながら上等な地元紙といった様相を呈している。記事はある事柄について調査を行った児童のクループが作成し編集係に提出される。新聞の制作資金は広告収入によって賄われ，地元企業には真剣に受け止められている。これは児童にとっては大変素晴らしい学習体験であり，また学校にとっても地域社会に対しその高い水準を示すいい機会となっている。

6.3.2 指導法と学習機会

(a) 到達目標の達成に向けては，多種多様な指導法と学習機会の存在が最も重要となります。これらは，児童・生徒がシティズンシップ教育の土台となる本質的要素を理解・育成・応用する際の支援や動機づけ，および見聞の広い行動的市民に向けた児童・生徒の発達全般に対する妥当性を基準に選択されなければなりません。児童・生徒にとって取り組みがいがあり，また彼らの生活において関連性の深い局面・問題・出来事を，学校および社会への参加や事例研究，批判的討論を通じて積極的に探究する組織化された機会を，子どもたちに与えることは必要不可欠です。シティズンシップ教育における学習経験の大部分が受動的なものであった場合，児童・生

徒を行動的市民と認めるのは難しいものがあります。

(b) これらの学習機会が，児童・生徒が認識・計画・実行・評価に加わった学級，学校，または社会における企画との関連性を有している場合，彼らにとっての更なる学習効果がそこから生み出されるかもしれません。学校や地域社会はしばしば，問題や出来事についての研究ならびに能動的な参加型の活動や経験への関与を伴う，行動を通じた学習に力点を置いたうってつけの状況を児童・生徒にもたらします。これは児童・生徒が身近な学習や活動と地球的視野での考えを結びつけるきっかけとなります。

> CSV（Community Service Volunteers）は多くの学校を中心とした活動に関わっている。その1つに**ロンドン・ウォンズワースのバタシー工業大学**との共同事業として実施された，CSVのシティズンシップ教育教具セット（Citizenship Tool-Kit）と教材を用いた，7年生対象の実験プログラムが存在する。対象の学校は経済的・社会的地位の低い公営住宅団地に囲まれた地域に位置しており，該当のクラスはプログラム実施前に高い不登校率としつけ上の問題に悩んでいた。特に生徒は自尊心が低く，教員や友人と目を合わせることができず，また団体行動もできないといった状態であった。ところが15週間経過すると，学級における不登校率は劇的に低下し，また素行の改善も見られすべての教員から高い評価を得た。生徒の意欲は向上し，小規模で実りのある作業グループとしての結びつきが見られるようになった。また会話能力や文章能力も向上し，このプログラムを経験した生徒たちはその学校における模範的存在となった。ある生徒は「今ではけんかや大騒ぎも少なくなりました。私たちは外に出る機会が増えたり学校改善活動に取り組み始めたりし，授業に参加することがもっと楽しくなりました。私たちが今やっていることは素晴らしいことだと思うし，立派な市民とはどんなものかを学べている気がします」と述べた。また校長は「若者たちの意思決定能力の育成に対し，学校は更なる責任を有することとなります。この講座は生徒たちが環境に対する意識を高める以外にも，人と関わり合うことや丁寧に耳を傾けること，活動に参加することなどを学ぶ上で役立つものであります」と述べた。

6.3.3 特別支援教育

特に教育的支援が必要であると認められる児童・生徒に対しては，シ

ティズンシップ教育の各キーステージにおいて適切な難易度を有する活動を提供する必要があります。この点については改訂版ナショナルカリキュラムの一般要件（Common Requirements）の項目において示される学習権に関する記述と一致していなければなりません。なお現段階では、同項目については以下の通り記載されています。

> 「各キーステージにおける学習課程の内容は、該当するキーステージにおける児童・生徒の大多数に対し、その能力に応じた方法で指導されなければならない。
> 　ただし特別な措置を必要とし得る少数の児童・生徒に対しては、それぞれの児童・生徒の発達および目標への到達に向け必要とされる場合には、該当するキーステージの前後から教材を選択することも認められる。その際、それらの教材は当該児童・生徒の年齢に適した形で提示されなければならない。
> 　以下の手段等を用いる必要のある児童・生徒に対しては、適切な措置が講じられなければならない。
>
> ■コンピューター、科学技術による補助、手話、絵や記号、読唇術などの音声以外のコミュニケーション手段
> ■点字などの視力を用いない形での読書法あるいは視力や聴力を用いずに情報を得る方法
> ■実習や作文活動の際の技術的補助
> ■学校内外における実践的活動への参加のための補助や適応機器」

> ウィドネスのアシュリー特殊学校には6年間にわたり生徒会が存在している。同生徒会は徐々に学校生活の中核をなす存在へと変化し，また大半の児童・生徒が直接生徒会に関わる機会を有するための働きかけが多くの支援団体の助力を得て行われている。1995年には障害を有する人々のために尽力したウィドネス出身のジャック・アシュリー氏（現上院議員）の業績に敬意を表して，校名をアシュリー校とすることを，児童・生徒による投票に基づき決定した。1996年以降，同議員は同校に対し大変関心を持つようになり生徒会のメンバーを国会に定期的に招待している。生徒会選挙の際には，地元の公民館に自治区議会から拝借した投票箱を用いた投票所が設置される。生徒会の全体会議は毎月開かれ，理事会による支援のもと，そこで扱われるにふさわしい内容について話し合われる。同校は環境教育推進校としての表彰（Eco-Schools Award）を受けた最初の特殊学校であり，児童・生徒は国会（下院）議員および欧州議会議員との意見交換のために国会議事堂およびEUの本部ブリュッセルに足を運んだ。彫刻家のDavid Grossは「正義の尊重と世界的市民としての姿勢」という学校憲章（School Charter）の精神[建学の精神]を表す模様を彫り込んだ大きな地球儀の作成に児童・生徒とともに取り組んだ。

6.4 学習に関する教員の評価

6.4.1

　シティズンシップ教育の指導と学習においては日々の評価が重要となります。これにより，教員は明確な学習の目的を有するとともにそれを児童・生徒に明示することが可能となり，また学習の成果を元に彼らの発達状況が提示されることとなります。これらの評価は，関係者に対する有益な情報の提供となるよう，また教員の負担が重くならないよう，実用的でありかつ処理のしやすいものでなければなりません。日々の評価は，教員の見聞や児童・生徒の作文など様々な形式に基づいて行われることとなります。このような評価が指導法や学習の機会・経験を通じて自然な形で発生すれば，それが最も効果的です。この評価は児童・生徒にとって関心が高く，またシティズンシップ教育における彼らの到達基準を高める役割を果たすものでなければなりません。日々の評価は到達基準と発達に関する定期報告書（通知表），そして最終的には児童・生徒の学習達成記録（Records of Achievement）の作成に寄与するものとなるでしょう。

6.4.2
　キーステージ4においては，シティズンシップ教育での活動に対する認定証を生徒が受け取る機会を設けることが重要です。授与機関に対しては，一般中等教育修了証（GCSEs），職業資格単位（GNVQ units），成績証明書（Certificate of Achievement）のような総合，複合，短期の各課程を対象としたものなど，若者の要求に見合う一連の適切な認定証の作成が望まれます。

6.5　到達目標の枠組み
　この枠組みは相互に関連性を有する4つの要素によって構成されます。

6.5.1　ねらいと目的
　シティズンシップ教育を実施することの論拠とその正当性を示すものであり，第一次報告書に示されている通り，学校におけるシティズンシップ教育のねらいと目的に関する説明を要約したものです。

6.5.2　構成要素
　効果的なシティズンシップ教育を実施する際の構成要素とはすなわち社会的・道徳的責任（市民性において必要不可欠となる前提条件），社会参加，政治的教養の3つです。これらは5歳から16歳までの学校教育の過程で，児童・生徒が徐々に身につけていくべきものです。

6.5.3　本質的要素
　効果的なシティズンシップ教育の土台となる概念，価値観と性向，技能と適性，知識と理解といったものがこれにあたります。これらはシティズンシップ教育のねらいと目的に関する説明や構成要素の中に内在するもの

であり、また到達目標における基準となるものでもあります。

6.5.4　到達目標

(a) 到達目標は、学校に通う全児童・生徒に向けたシティズンシップ教育に関する新たな法定事項の一部として、各キーステージに設定されます。

(b) 教員の中に4要素とその相互関連性に関する十分な理解が備われば、学校における効果的なシティズンシップ教育の実施へとつながる様々な指導法や学習の機会・経験を開発するにあたって、この枠組みを利用することができるでしょう。

6.6　ねらいと目的

　大学を含む諸学校におけるシティズンシップ教育の目的は、参加型民主主義の本質と実践に関する知識・技能・重要性の定着・強化を図ること、児童・生徒が行動的市民へと成長する上で必要とされる権利と義務に対する認識および責任感を高めること、そして同時に地域ないしはより広い範囲の社会に関わることの個人・学校・社会にとっての重要性を確立することにあります。

　イギリスおよびヨーロッパにおいて、正式な形での政治活動が市民社会とどのような関連性を有するのかを示すとともに、世界情勢や地球規模の問題に対する意識および関心を高めるべく、国会、地方議会、政党、圧力団体、ボランティア団体の役割をはじめとする地域・国双方における民主主義の制度・慣習・目的に関する理解が、ここで育まれなければなりません。また税収と公費支出との相互関係をはじめとする経済活動の実態に対する一定の理解も要求されることとなります。

6.7　構成要素

6.7.1　社会的・道徳的責任

　子どもたちが極めて初期の段階から，権力を有する者ならびにお互いに対する自信ならびに社会的・道徳的責任を伴う態度（これは市民性において必要不可欠となる前提条件である）を教室の内外において身につけることを意味します。

6.7.2　社会参加

　児童・生徒が自分たちの社会における生活や課題ついて学び，それらに有意義な形で関われるようになることを指します。社会参加・社会奉仕活動を通じた学習もここに含まれます。

6.7.3　政治的教養

　児童・生徒が知識・技能・価値観を通じて，市民生活について，更には自身が市民生活において有用な存在となるための手段について学ぶことです。

6.8　本質的要素

　後述の到達目標は4つの本質的要素，すなわちシティズンシップ教育の土台となる概念，価値観と性向，技能と適性，知識と理解から構成されます（図表1参照）。各キーステージにおける一連の本質的要素を首尾よく統合し徐々に発展させていくことができれば，各学校において到達目標が確実に達成され，また同時にあらゆる児童・生徒に対し効果的なシティズンシップ教育が展開されることとなるでしょう。

6.8.1　概念

　多くの主要概念にはシティズンシップ教育における明瞭かつ包括的な概

念上の核となるものが規定されています。児童・生徒に対しては各キーステージを経て成長する過程で、これらの主要概念が効果的なシティズンシップ教育を実現する際の土台として、単独ではなく全体としてどのような役割を果たしているかについての理解が育まれなければなりません。

6.8.2 価値観と性向

シティズンシップ教育にふさわしい特定の価値観と性向というものが存在します。児童・生徒には各キーステージを経て成長する過程で、これらの価値観と性向を認識し、自身に反映させ、またそれに基づいて行動するよう求められます。特に個人としてのあるいは集団や社会の一員としての姿勢や行動の根幹をなす価値観と性向については、彼らが十分に検討し認識できるよう配慮されなければなりません。これは児童・生徒が、個人的にも他者との関係においても自身に対する前向きな姿勢を有する行動的市民へと成長していく上で、不可欠なものです。

6.8.3 技能と適性

シティズンシップ教育にふさわしい特定の技能と適性というものが存在します。児童・生徒には様々な内容・方法でこれらの技能や適性を発達・適応する機会が与えられなければなりません。なお児童・生徒が自身の理解を強化しまたそれをより一層深め、物事を懐疑的に考え、自分なりの考えを有し、多様な意見に対し様々な方法で対応し、意見を主張しあるいは変更し、また他者の貢献を認識することができるよう、その内容や方法については慎重に選択がなされなければなりません。

6.8.4 知識と理解

(a) 児童・生徒はシティズンシップ教育で扱われる社会の特定の側面に関する基本的な知識と理解を習得しなければなりません。その際学習方法や内容の掘り下げ方は、対象となる児童・生徒の年齢や能力にふさわしいも

のはどのようなものかという点を考慮に入れた上で，教員の専門的判断に委ねられるべきである，という点を強調しておかなければなりません。学校におけるシティズンシップ教育のねらいと目的を意識した重要な場面や内容については，これら社会における特定の側面に基づいて提示されます。その具体例としては以下のものを掲げることができます。

■社会的側面
■道徳的側面
■政府，法律，憲法に関する問題をはじめとする政治的側面
■公共サービス・税収・公費支出・雇用に関する問題をはじめとする経済的側面（公的なものと私的なものとを含む）
■環境的側面と持続可能な開発

(b) 児童・生徒はこれらの社会的側面に関する基本的な知識と理解を，シティズンシップ教育において不可欠である時事的・現代的な問題・出来事・活動を通じて習得しなければなりません。その際，時事問題に対し自分の意見を持つという習慣を育成することの重要性が強調されなければなりません。新聞記事を懐疑的に読んだり，時事問題に関するテレビやラジオの番組についての批判的な議論を行ったりといった活動への積極的な取り組みが期待されます。

(c) それぞれの側面には，学校・地域・国・ヨーロッパ・イギリス連邦・世界といった規模の内容が含まれ得ます。また一元的側面を有する問題や出来事がある一方で，複数の側面から同時に取り組むことのできる問題や出来事も存在するでしょう。どういった側面をあるいはどのような時事的・現代的な問題や出来事を選択し扱うかについては，児童・生徒の年齢，能力水準，彼らの要求や関心事との関連性や取り組みがいといった点を考慮に入れた上で，教員の専門的判断に委ねられるべきです。ただしどの問題を議論の対象とするかについて児童・生徒に一定の選択の余地を与えた場

合には，彼らの意欲は明らかに上昇します。

(d) 知識と理解の項目については，単に実体のない見解・内容・用語といったものの羅列を学ぶのではなく，重要かつ関心の高い問題・出来事・活動にあふれた内容を通じて学ぶべき点を強調しておかなければなりません。見解・内容・用語といったものがキーステージをまたいで繰り返し登場する場合，それにより学習の継続性と発展性が確保され，その結果児童・生徒の知識と理解が強化され深められるとされる部分は確かにあります。このような取り組みは学校におけるシティズンシップ教育の全般的なねらいと目的を達成する上で必要不可欠なものです。

(e) 既述の通り，到達目標の土台となる概念，価値観と性向，かなり度合いは減るが技能と適性，そして知識と理解の4要素は，シティズンシップ教育を包括するものでもなければ相互排他的なものでもありません。これらの要素は他教科やカリキュラムの随所で展開・適用され得るものです。シティズンシップ教育の場面における児童・生徒の学校内外での学習・活動・経験とカリキュラム上の他の場面におけるそれとの関連性について認識しておくことは，学校にとって重要なこととなるでしょう。もし児童・生徒に向けたこの種の学びを強化しより一層発展させ，またカリキュラムを通して行われるこの種の学習体験の広範性と均衡性，一貫性，継続性と発展性，質といったものを確保すべく，教員にそのような関連性を足場にしてもらおうと考えるのであれば，この関連性に対する認識は不可欠なものとなります。

6.9 本質的要素の概要

6.9.1
　　4つの欄（図表1）は，児童・生徒が市民性を有する成人となるための準

備として義務教育修了時までにシティズンシップ教育において習得すべき内容の一覧ないしは概要を示したものです。ただし，ここに提示されたすべての到達目標に一遍に取り組むことを想定してはおらず，むしろこれらは各キーステージにおける児童・生徒の学習をそれぞれに見合った形で強化しより一層発展させる開発的・順次的な方法による取り組みを意図して考案されたものです。なお取り組み方については，特に対象となる児童・生徒の年齢や能力にふさわしいものはどのようなものかという点を考慮に入れた上で，教員の専門的判断に委ねられるべきです。

6.9.2

　主要概念，価値観と性向，かなり度合いは減るが技能と適性，そして知識と理解の４要素の多くは，カリキュラムの随所ですでに展開・適用されている，あるいはされ得るものであるとの認識を有することが重要です。この点を総合的に考えた場合，この潜在的「新分野」が有する範囲や新規性は，この表を初めて目にしたときに感じられる程手ごわいものではないといえるでしょう。

6.9.3

　図表１は，シティズンシップ教育において土台となる概念，価値観と性向，および技能と適性のより一層の理解・育成・応用を児童・生徒に促すことに基盤を置いた，シティズンシップ教育における学習への取り組み方を強調すべく，慎重に慎重を重ねた上でこのような形となりました。知識と理解の欄には，他の３つの欄に示された項目に基づいて行われるこの種の学習を意識した場面や内容が示されています。学校がすべての児童・生徒に対し有効なシティズンシップ教育を展開しようとするのであれば，このような取り組みは不可欠なものです。

図表1　義務教育修了時までに到達すべき本質的要素の概要

主要概念	価値観と性向	技能と適性	知識と理解
■民主主義と専制主義 ■連携と対立 ■平等性と多様性 ■公平性，正義，法の支配，規範，法律および人権 ■自由と秩序 ■個人と社会 ■権力と権限 ■権利と義務	■公益への関心 ■人間の尊厳と平等性への信頼 ■紛争解決への関心 ■思いやりある理解に基づき，他者と協力したり他者のために働いたりする性質 ■責任ある行動をとる性向：例えば他者や自身への気遣い，自身の行動が他者に対してもたらすであろう影響についての事前の考察や予測，想定外のあるいは不運な結果に対する責任の受諾 ■寛容な態度の実践 ■道徳規範に基づく判断や行動 ■考えを主張する勇気 ■議論や証拠を踏まえて自身の意見や態度を抵抗なく変更できる姿勢 ■個人の自発性と努力 ■礼節と法の支配の尊重 ■公平に振舞う姿勢 ■機会均等と男女平等の尊重 ■積極的なシティズンシップへのコミットメント ■ボランティア活動への参加 ■人権への関心 ■環境に対する配慮	■理路整然とした議論を口頭・文書の双方により展開する能力 ■他者と協力し効果的に働く能力 ■他者の経験や視点を考察し正当に評価する能力 ■異なる見解を容認する能力 ■問題解決に向けた取り組みを展開する能力 ■情報収集の際に最新のメディアや科学技術を慎重に利用する能力 ■目前に提示された証拠に対する懐疑的な姿勢と新たな証拠を模索する能力 ■操作や説得の方法を認識する能力 ■社会的・道徳的・政治的な課題や情勢を認識し，それに反応し，影響を与える能力	■地域・国・EU・イギリス連邦・国際レベルの時事的・現代的な問題や出来事 ■機能・変化のあり方をはじめとする民主主義社会の性質 ■個人・地域・ボランティア団体の相互依存関係 ■多様性・意見の相違・社会的対立の本質 ■個人や社会の法的・道徳的権利および責任 ■個人や社会が直面する社会的・道徳的・政治的課題が有する特質 ■機能・変化のあり方をはじめとする地域・国・ヨーロッパ・イギリス連邦・国際レベルにおけるイギリスの議会政治体制および議院法規制度 ■社会における政治的行為および自発的行為の性質 ■消費者・被雇用者・雇用者・家族および社会の一員として，市民が有する権利と義務 ■個人や社会との関連性を有する経済制度 ■人権憲章と人権問題 ■持続可能な開発と環境問題

　図表2は，本質的要素の相互関係を明確にし，またこれらの本質的要素を扱うにあたっては4つのキーステージを通じた開発的・順次的な方法による取り組みが必要である旨を確認する上で役立つものと思われます。この提案は後の各キーステージに設定された到達目標の土台となるものです。

図表2　図による表示

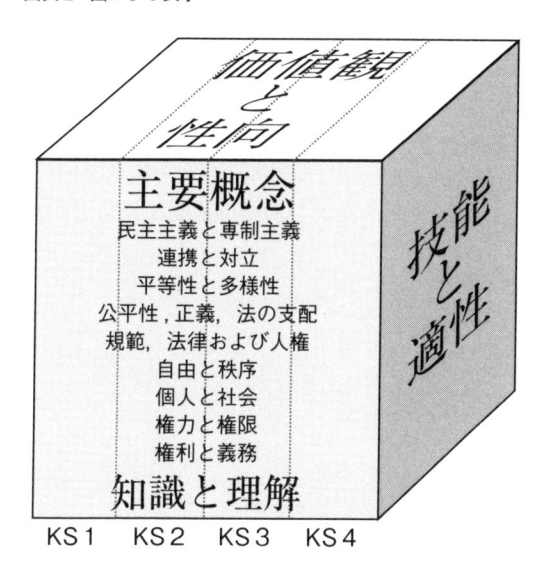

```
        価値観と性向
    ┌─────────────┐
    │  主要概念    │ 技
    │ 民主主義と専制主義│ 能
    │  連携と対立  │ と
    │ 平等性と多様性│ 適
    │公平性, 正義, 法の支配│ 性
    │規範, 法律および人権│
    │   自由と秩序 │
    │   個人と社会 │
    │   権力と権限 │
    │   権利と義務 │
    │  知識と理解  │
    └─────────────┘
    KS1  KS2  KS3  KS4
```

6.10　各キーステージにおける到達目標

6.10.1

　到達目標は，各キーステージにおける知識と理解の項目において示された場面や内容を通じて，児童・生徒の技能と適性の発達・適応を促進させるべく設定されました。ここに示されている知識と理解は，基礎的な水準のものです。学習方法については，対象となる児童・生徒の年齢や能力にふさわしいやり方はどのようなものかという点を考慮に入れた上で，教員の専門的判断に委ねられるべきである旨を，ここでも繰り返し指摘しておかなければなりません。こうすることで，児童・生徒のシティズンシップ教育における学習を適切に扱い，また各キーステージを進むごとに学びを強化しより一層発展させていくことが可能となるのです。

キーステージ1および2における到達目標

6.11 キーステージ1

6.11.1 技能と適性

キーステージ1修了時までに，児童は以下の事柄の習得が望まれます。

- ある課題に対する個人的見解を口頭で表現したりその正当性を主張したりする。
- 個人あるいは全体にとって重要な事柄に関する2人組あるいはクラス全体での議論に参加し，順番に発言したり他者の意見に応答したり適切な形で異論や異議を述べたりすることの意味を学ぶ。
- 重要な共通の課題に対処するために，他者と協力したり自分たちの意見を収集したりする。
- 他者の経験について考察する際に想像力を働かせる。
- 物語・ドラマ・映画・詩・「実生活」での出来事といった様々な形で提示される社会的・道徳的事柄に関する問題についてじっくりと検討する。
- 簡単な討論に参加したり，ある議題について採決を行ったりする。

6.11.2 知識と理解

キーステージ1修了時までに，児童は以下の事柄の習得が望まれます。

- 自身の私生活および社会生活において，公平性の概念がいかに合理的かつ思慮深い形で適用されているかを認識する。
- 他者を支援する，違いを尊重する，共有財産を管理する，といった場面で彼らが担う様々な種類の責任について理解する。
- 教室・学校・家庭における規則の本質および根拠について学ぶ。またできる限り，いかに自分たちで規則を作るかについて学ぶ。加えてそれぞれの規則は，異なる状況下において適用されまた異なる役割を果たし得るものである旨を理解する。ここには安全性，財産保護対策，容認し難い行為の防止といった内容のものも含まれる。

- ■児童同士あるいは大人と児童との間に存在する様々な種類の人間関係について学ぶ。またそのような関係下においては，権力が責任ある形で適正にあるいは無責任な形で不当に行使され得る旨をある程度理解する。
- ■うれしい *(happy)*, 悲しい *(sad)*, がっかりした *(disappointed)*, 怒った *(angry)*, 動揺した *(upset)*, 内気な *(shy)*, 恥ずかしい *(embarrassed)*, 穏やかな *(peaceful)*, 心配した *(worried)*, 誇りに思った *(proud)*, 満足な *(glad)* といった言葉をはじめとする，他者との人間関係の中で感情表現として用いられる用語について理解する。
- ■親切 *(kind)* と不親切 *(unkind)*, 善 *(good)* と悪 *(bad)*, 正 *(right)* と不正 *(wrong)* といった道徳上の区分に基づいて表される様々な行動について理解する。更に，反社会的ないしは自己中心的な行動や態度が，個人や社会にもたらす影響について学ぶ。また，多くの課題に対しては社会全体として取り組むことができる旨を理解する。
- ■自身が所属する地域社会および国家社会の枠組みにおける自らの位置づけについて学ぶ。更に，他の子ども・10代の若者・家族・高齢者といった様々な種類や団体に属する人々が，自身の地域社会の中に存在している旨を理解する。
- ■要求・権利・責任・欲望・好み・価値観・信念といった点に関する，人々の間における相違点および類似点について学ぶ。また，これらの相違点の多くは文化的・宗教的多様性と関連している旨を理解する。
- ■共同作業や探究的協議を通じて，*尊敬する (respect)* あるいは*軽蔑する (disrespect)*, *質問する (question)*, *意見を述べる (comment)*, *議論する (discuss)*, *同意する (agree)* あるいは*異議を唱える (disagree)*, *類似する (similar)* あるいは*異なる (different)*, *視点 (point of view)*, *見解 (opinion)*, *比較と対照 (compare and contrast)* といった重要な用語の意味を学び，理解する。

6.12 キーステージ2
6.12.1 技能と適性
キーステージ2修了時までに，児童は以下の事柄の習得が望まれます。
- ある課題に対する個人的見解を口頭ないしは文書で表現したりその正当性を主張したりする。
- 個人あるいは全体にとって重要な事柄に関する2人組あるいは少人数での議論に参加し，クラスに向けてその内容を発表できるようにする。
- 交渉・調整・合意に基づき重要な共通の課題に対処するために，クラス内の児童と協力したり自分たちの意見を収集したりする。
- 他者の経験について考察する際に想像力を働かせたり，物語・ドラマ・「実生活」での出来事に基づく社会的・道徳的・政治的事柄に関する問題についてじっくりと検討し，あるいは仮説（何らかの状況を仮定したシナリオ）を立てたりする。ここでは市民性に関する一連の問題が扱われ，他の地域や時代，異なる価値観や慣習のもとで暮らす人々の生活に関する考察についても，ここに含まれていなければならない。
- 一連の道徳的ジレンマや問題について，どの考えを採用するかについて検討し，選択し，その正当性を主張するための議論を，適切な言葉を用いて行う。
- 地域の人々が専門的な意見を述べたり児童によって事前に用意された質問に答えたりする質疑応答の会に参加する。
- テレビ・ラジオのニュース，記録映像，新聞，新たな通信技術といった一連の情報源の中から，時事的・現代的な問題に関する情報を収集し，それらの情報提示方法の違いについて認識する。
- 簡単な討論に参加したり，ある議題について採決を行う機会を持ったりする。

6.12.2 知識と理解
キーステージ2修了時までに，児童は以下の事柄の習得が望まれます。
- 規範や法律の制定方法およびそれらが果たす様々な役割について，平

易な水準まで学ぶ。更に，法的義務に基づき様々な権限が生み出される一方で，いざという場面では支援や援助の役割も果たす旨を理解する。また，**権利と義務** *(rights and responsibilities)*，**正** *(right)*，**不正** *(wrong)*，**公平な** *(fair)*，**不公平な** *(unfair)*，**規範** *(rule)*，**法律** *(law)*，**寛容** *(forgiveness)* といった用語の意味を理解する。

■人々の行動の条件付けおよび犯罪への対処を目的とした法律およびその施行の必要性，更には一定の行為が禁止されている理由について理解する。更に，犯罪の防止と人および財産の保護に関する警察の役割について学び，かつ反社会的な行動が個人や社会にもたらす影響について認識する。また，**刑罰** *(punishment)*，**原因** *(cause)*，**結果** *(consequence)*，**正義** *(justice)*，**公平性** *(fairness)*，**証拠** *(evidence)* といった用語の意味を理解する。

■中心教義や民族文化をはじめとする地域社会および国家社会の仕組み，およびそれらに対する個々の関わり方について学ぶ。加えて，イングランド，スコットランド，ウェールズ，北アイルランドおよびヨーロッパ間の現在の相互関係について平易な言葉で学ぶ。更に，地方政府や中央政府の原点や政治への参加の機会について学ぶ。また，**市町村長** *(mayor)*，**地方議会** *(council)*，**地方議会議員** *(councillor)*，**国会（下院）議員** *(Member of parliament[MP])*，**選挙** *(election)*，**投票** *(vote)*，**国会・議会** *(parliament)*，**欧州議会議員** *(Member of the European Parliament[MEP])*，**政党** *(political party)* といった用語の意味を理解する。

■民主主義や独裁制といった様々な種類の政治体制が存在し得ることを理解する。また，**言論の自由** *(freedom of speech)*，**抵抗** *(opposition)*，**投票** *(vote)*，**政府** *(government)*，**王** *(King)*，**女王** *(Queen)*，**首相** *(Prime Minister)*，**大統領** *(President)* といった用語の意味を理解する。

■自身の地域社会で活躍するボランティア団体や地域団体について学ぶ。また，**ボランティア活動** *(voluntary service)*，**ボランティア** *(volunteer)*，**慈善行為** *(charity)*，**抗議行動** *(protest)*，**請願** *(petition)* といった用語の意味を理解する。

■異なる経済制度の存在について学ぶ。加えて，希少資源の分配について様々な方法が存在することを学ぶ。更に，現代社会において不可避となる選択およびそれが個人や社会に対して与える影響について理解する。また，**公平性 (fairness)**，**正義 (justice)**，**選択 (choice)**，**価格 (price)**，**奉仕 (services)**，**富 (wealth)**，**市場 (market)**，**賃金 (wage)** といった用語の意味を理解する。

■国際社会としての世界について学び，世界中の人々は我々と同様に社会の中で生きている旨を学ぶ。更に，社会的・経済的・文化的・政治的・環境的事情といった点から，それぞれの社会の間には類似点や相違点が存在することを理解する。また，**貧困 (poverty)**，**飢饉 (famine)**，**病気 (disease)**，**慈善行為 (charity)**，**援助 (aid)**，**人権 (human rights)** といった用語の意味を理解する。

キーステージ3および4における到達目標

6.13　キーステージ3

6.13.1　技能と適性

キーステージ3修了時までに，生徒は以下の事柄の習得が望まれます。

■ある課題に対する個人的見解を口頭であるいは文書で表現したりその正当性を主張したりする。

■個人あるいは全体にとって重要な事柄に関する少人数あるいはクラス全体での議論に参加し，クラスに向けてその内容を発表する。

■交渉・調整・合意に基づき重要な共通の課題に対処するために他者と協力し，その過程についてじっくりと検討する。

■他者の経験について考察する際に想像力を働かせ，自分自身と反対の見解を有する人の役割を演じたり，その見解をもっともらしく表現したり，その見解についてじっくりと検討したりする。

■社会の中で直面する重要な問題や出来事について分析したり，議論し

たり，じっくりと検討したりする。
- テレビ・ラジオのニュース，記録映像，新聞，新たな通信技術といった一連の情報源が果たす役割の違いについてある程度理解した上で，これらを用いてある問題に関する情報を収集する。
- 統計資料の活用に関する十分な理解を表す。
- 打ち解けた討論に参加したり，ある議題について採決を行う機会を持ったりする。

6.13.2 知識と理解
キーステージ3修了時までに，生徒は以下の事柄の習得が望まれます。
- 時事的・現代的な問題や出来事において重要となる点について理解する。
- 国連の児童の権利に関する条約と特に関連性を有する若者の法的権利と義務について，とりわけよく耳にする権利を中心に，基本的な水準まで理解する。更に，消費者保護法，雇用法，差別に関する法，年齢に関する法，麻薬や人間関係（親族関係）に関する法といったものをはじめとする，法的側面に関する一般的性質および他の市民が有する義務（他の市民に対する法的側面や法的責任に関する一般的性質）について理解する。また，*差別 (discrimination)*，*機会均等 (equal opportunities)*，*法廷 (tribunal)*，*票 (ballot)*，*労働組合 (trade unions)* といった用語の意味を理解する。
- ヨーロッパ人権条約（ECHR: European Convention on Human Rights）と特に関連性を有する民主主義社会の土台となる権利と義務について理解する。加えて，言論の自由や恣意的に逮捕されない権利といった人権に関わる問題について認識する。更に，世界人権宣言およびその制定理由について学ぶ。また，*偏見 (prejudice)*，*外国人嫌い (xenophobia)*，*差別 (discrimination)*，*多元主義 (pluralism)* といった用語の意味を理解する。
- 警察の役割や刑事裁判の仕組みをはじめとする刑事裁判制度の特徴について学ぶ。また，*裁判所 (court)*，*裁判官 (judge)*，*治安判事 (magistrate)*，陪

審 (jury), 証人 (witness), 被告人 (defendant) といった用語の意味を理解する。
■地方自治体ならびに地方自治体が行う公益事業および地域レベルで自治体に寄与する機会について学ぶ。また，市町村長 (mayor)，地方議会 (council)，地方議会議員 (councillor)，条例 (bye-law)，選挙 (election) といった用語の意味を理解する。
■ボランティア団体や地域団体の役割について学ぶ。また，圧力団体 (pressure groups)，陳情運動 (lobbying)，抗議行動 (protest)，世論 (public opinion) といった用語の意味を理解する。
■法律を制定・改正する際の国会・政府・国王の役割について学ぶ。また，国会（下院）議員 (Member of Parliament[MP])，総選挙 (general election)，政党 (political party)，中央政府 (national government)，野党 (opposition)，内閣 (cabinet)，政府機関 (government department)，国会制定法 (Act of parliament) といった用語の意味を理解する。
■主要政党および圧力団体の見解や目的について学ぶ。また，圧力団体 (pressure groups)，陳情運動 (lobbying)，世論 (public opinion) といった用語の意味を理解する。
■イギリスにおける政治の多国間構造やアイルランド共和国，欧州連合（EU），イギリス連邦との現在の関係をはじめとする，政治的存在としてのイギリスについて学ぶ。また，スコットランド議会 (Scottish Parliament)，北アイルランド議会 (Northern Ireland Assembly)，ウェールズ議会 (Welsh Assembly)，欧州議会議員 (Member of the European Parliament[MEP])，欧州連合 (European Union[EU]) といった用語の意味を理解する。
■市場の役割や価格の概念に関する経済制度および貧困や失業といった現代の主たる経済問題について理解する。なおこれには主要となる公共サービスの提供についても含まれる。また，課税 (taxation)，社会保障制度 (the welfare state)，競争 (competition)，市場取引 (market forces)，富の分配 (distribution of wealth) といった用語の意味を理解する。

■国際社会としての世界について学び，現存する政治的・経済的・社会的格差について理解する。また，*海外援助 (overseas aid)*，*開発 (development)*，*持続可能な開発 (sustainable development)*，*国際貿易 (international trade)*，*慈善行為 (charity)*，*人権 (human rights)* といった用語の意味を理解する。

6.14 キーステージ4
6.14.1 技能と適性
キーステージ4修了時までに，生徒は以下の事柄の習得が望まれます。
■ある課題に対する個人的見解を口頭および文書で表現したりその正当性を主張したりする。
■個人あるいは全体にとって重要な事柄に関する少人数あるいはクラス全体での議論に参加し，より多くの人々に向けてその内容を発表する。
■交渉・調整・合意に基づき重要な共通の課題に対処するために他者と協力し，その過程についてじっくりと検討したり慎重に評価したりする。
■他者の経験について考察する際に想像力を働かせ，自分自身と反対の見解を有する人の役割を演じたり，その見解をもっともらしく表現したりし，またそのような見解についてじっくりと検討したり慎重に評価したりする。
■社会において直面する重要な課題について調査したり，分析したり，議論したり，じっくりと検討したりする。
■テレビ・ラジオのニュース，記録映像，新聞，新たな通信技術といった一連の情報源が有する偏見やそこでの証拠の活用方法について特に考慮しつつ，これらを用いてある重要な問題または出来事について研究する。
■統計資料の活用および悪用に関する十分な理解を示す。
■正式な形の討論に参加したり，ある議題について採決を行う体系的な機会を持ったりする。

6.14.2　知識と理解

キーステージ4修了時までに，生徒は以下の事柄の習得が望まれます。

■時事的・現代的な問題や出来事において重要となる点について理解する。

■家族・消費者・就業・環境といった分野に関する法律および法制度について，基本的な水準まで理解する。更に，制定法・判例法・ヨーロッパ法（ECHRを含む）をはじめとする，様々な法源ならびに法律の種類について理解する。加えて，様々な法律の施行の在り方や警察の役割，犯罪と刑罰，個人的・社会的問題としての刑法の改正といったものについて学ぶ。また，*法の支配 (rule of law)*，*民法 (civil law)*，*刑法 (criminal law)*，*公民権 (civil rights)*，*自然的正義 (natural justice)* といった用語の意味を理解する。

■国会（下院）議員の選出における様々な選挙方法，および政府が国会を通して有権者に対し責任を負っている旨について学ぶ。なおここには投票の重要性・世論・世論調査・メディアの役割・陳情運動・圧力団体・様々な形態の抗議行動といったものも含まれる。更に，異なる選挙制度について学び，そのような多様な選挙制度の存在理由について理解する。また，*比例代表制 (proportional representation)*，*国民投票 (referendum)*，*連邦主義 (federalism)*，*君主制 (monarchy)* といった用語の意味を理解する。

■主要政党および圧力団体が有する価値観・関心・政策について学ぶ。また，*圧力団体 (pressure groups)*，*陳情運動 (lobbying)*，*世論 (public opinion)* といった用語の意味を理解する。

■上下両院の関係，君主制が果たす役割の変化，イングランド・スコットランド・ウェールズ・北アイルランド間の相互関係の変化，欧州連合およびイギリス連邦とイギリスとの関係をはじめとする，イギリスの国家構造の変遷について学ぶ。更に欧州連合が形成された理由についてある程度理解する。また，*権限委譲 (devolution)*，*独立 (independence)*，*欧州通貨統合 (European Monetary Union[EMU])* といった用語の意味を理解する。

■私有あるいは公有に適するもの，規制や管理，および所得分配・雇用・課税・住宅供給・公共サービスの提供（とりわけ健康・教育・社会事業）

といったものが抱える問題と関連性を有する経済制度について理解する。また、*富の創造 (wealth creation)*, *個人課税 (personal taxation)*, *年金の支給 (pension provision)* といった用語の意味を理解する。
- ■持続可能な開発、経済的相互依存、累積債務国、国際連合機構および主要非政府組織の役割といった課題をはじめとする、国際社会としての世界について理解する。更に、*受託責任 (stewardship)*, *相互依存 (interdependence)*, *倫理的取引 (ethical trading)*, *和平調停と平和維持 (peace-making and peacekeeping)* といった用語の意味を理解する。

7. シティズンシップ教育の教育課程に関する法定事項の一部について、他の教科との連携によりそれを実現させる方法についての提案

7.1

この新分野に対するカリキュラム上の時間配分について記した 4.4, 4.5 および 4.9 の中で示されている意向に従うとすれば、「シティズンシップ教育における原理と他教科」とのある種の連携が様々なキーステージにおいて、また様々な学校において生ずることは明白でありかつ可能です。我々はシティズンシップ教育に関しては新カリキュラムの中で明確な特徴が示されるべきであると強く感じていることから、「原理」という言葉がここでは重要となります。(4.4 を参照) 到達目標における主要概念、価値観と性向、技能と適性の一部についてはカリキュラムの随所で展開・適用され得るものではあるものの、技能と適性および知識と理解の多くについては個別の提示が必要となります。とはいえ初等教育においては、この点についてはクラス教員により既存の教科を通じて実施されることが可能であり、相当な範囲で教科教育と共通する部分が存在するように思われます。

7.2

　シティズンシップ教育との共通点を有する最も顕著な教科は PSE と PSHE です。キーステージ 1 および 2 で示された到達目標は，我々のレポート全体において最も重要となる基盤をなすものである一方，それらは初等教育における PSE および PSHE の学習課程の範囲内で達成可能なものであると我々は考えます。付録 A にはこの点に関する論拠が記されています。（また我々は当委員会委員長の書簡に対する Tomlinson 教授からの回答を待ち望んでおります。）

7.3

　しかしながら，キーステージ 3 および 4 においてはシティズンシップ教育に関する明確かつ個別の提示が不可欠となります。とはいえ，シティズンシップ教育が 4.5 に記されたような時間配分の中で，かつ 4.6 に記されたような柔軟な規定のもとで実施されるとすれば，他教科，とりわけ歴史・地理・国語の内容や取り組みにおける原理との明白かつ有効な共通点を我々は指摘することができます。

7.4

　歴史科目においては，イギリス民主主義や我々の多元的社会の発展をはじめとする，社会および政治・社会・経済制度の発展に関する多くの教育・学習事項が存在します。これらは我々が示す到達目標に存在する多くの原理に対し，不可欠となる概念的・制度的基盤をもたらしてくれるものです。例えば，国会の歴史はイギリス史の中心に位置するものであり，直ちに今日の選挙制度に関する議論へとつながり得るものです。また同時に，イギリス，ヨーロッパ，および世界の歴史に関するトピックは，我々が示す到達目標に掲げられた国際的な持続可能な開発や人権といった分野に関する考察へとつながり得るものです。歴史科目において証拠利用や研究活動に重点を置く姿勢は，児童・生徒が自信をもって情報に基づいて行動を起こ

す力を育成する際や，シティズンシップ教育の生命線ともいえる時事的・現代的な問題について議論し情報に基づいて判断を下す活動を行う際に役立つものとなるでしょう。

7.5

地理科目においては，地域・空間・環境への注目や地方から全世界に至るまでの土地・話題・問題に関する学習を通じて，紛争や利害関係について学んだり，政治団体ならびに圧力団体およびボランティア団体の活動に関する知識を深めたり，ある意思決定が人々や地域や環境に対して与える影響について判断したりする有意義な機会が与えられます。また人々と土地がいかに密接不可分かつ相互依存の関係にあるかを理解する特有の機会が存在することから，地方から全世界に至るまで市民性について学んだり経験したりする機会を得ることができます。地理科目における研究活動は，歴史科目同様，児童・生徒が情報に基づいて行動を起こす際に必要となる理解・技能・自信といったものを育成する上で役立つでしょう。児童・生徒によるフィールドワークへの参加はそのような学習を強化するものであり，授業時間の切迫にもかかわらず多くの学校がキーステージ3において環境問題研究プログラムを実施しています。

7.6

現在シティズンシップ教育を何らかの形で実施している中等教育の現場では，ほとんどの場合歴史と地理の教員によってその教育活動が行われていますが，国語の教員もその役割を果たすことが可能です。劇やロールプレイ，文芸批評やメディア教育同様，国語の教材，具体的には印刷物（本，脚本，詩，新聞）や音声・映像（テレビ，ラジオ，その他新たな通信技術）といったものからは，我々が示す到達目標に存在する原理とのつながりを見出すことができます。一般的な例としてはOrwellの『動物農場』（Animal Farm）を読むことが挙げられます。これは平等主義社会の創造が失敗に

終わったことへの悲嘆を表したものなのでしょうか，それとも過去においても現在においてもそれは不可能である旨を暗示したものなのでしょうか。文章に関する制限のない評論と読解と討論を行う技能は，我々が示す「目前に提示された証拠に対する懐疑的な姿勢と新たな証拠を模索する能力」とほぼ同質のものといえます。また同時に，劇・ロールプレイ・物語といったものは，児童・生徒が「他者の経験を考察し正当に評価する能力」を育成する上で役立つ優れた媒体となるでしょう。

7.7
　歴史・地理・国語は，科目の内容や関連性，指導および学習の方法といった点からシティズンシップ教育に最も近い存在であるように思われるものの，連携の可能性はこれらの科目に限られたものではありません。他の教科も有益な形で寄与することは可能です。例えば，数学や情報技術（IT）は選挙制度や世論調査に関する知識と理解，更にはそれらを最大限に活かす技能の育成に役立つでしょう。科学技術に関する科目では，通常は社会政策における倫理的問題について取り上げられます。また，宗教教育（RE）は道徳的・社会的問題について探究する機会をもたらします。体育（PE）ではチームワークに関する技能のみならず自主性や自己努力の精神についても助長されます。更に，現代外国語（MFL）では国内・ヨーロッパ・国際間の出来事や問題について，他国における対照的な視点に触れる機会が与えられ，また，経営学ではシティズンシップ教育における経済的側面を例示する際に融合を図ることができるでしょう。

7.8
　技術職業教育推進計画（TVEI: Technical and Vocational Education Initiative）のこれまでの内容を振り返ると，今現在における音楽および美術との連携可能性について際立つものが存在します。教室の壁や空きスペースが，授業や課題の実例となる児童・生徒作成の美術品でいっぱいに

なっているような多くの学校においては，美術，シティズンシップ教育，PSE および PSHE の明らかな連携の存在をすでに確認することができます。

7.9

しかしながらこれらは連携可能性について明確に示したいくつかの実例に過ぎません。潜在的な連携可能性は多種多様に存在します。シティズンシップ教育との連携が当該教科にとって自然かつ有効なものであり，シティズンシップ教育の原理があらゆる連携の場面において明確に認められる限りにおいては，連携に関する取り扱い方や取り組み方については最終的には学校が決定すべき事項といえます。

7.10

多くの学校では，人権・子どもの権利・世界的市民・持続可能な開発といった概念ならびにこれらに関する憲章や国際協定を土台とした課程の実施時間を確保できています。また他の学校では，単純に毎週時事問題の授業の時間を確保しています。これらの活動はすべて，シティズンシップ教育の学習と教育に大いに貢献し得ないしは（実施されているところにおいては）大いに貢献しているものです。すべての学校は，我々が示す全般的なねらいや到達目標の中に価値ある点を見出しているはずです。しかし，我々が提言する包括的・順次的なシティズンシップ教育の指導法を自力で実践できている学校はひとつもありません。それでもなお我々の計画は，様々なトピックや現在のカリキュラムに対する時間や労力の配分に関しかなりの多様性を考慮に入れたものとなっています。

8. シティズンシップ教育における学習を主要技能の育成に役立たせる方法

8.1

我々はシティズンシップ教育と「主要6技能」（コミュニケーション，**数**

の活用, 情報技術, 他者との協力, 自己の学習・実行能力の向上, 問題解決と学習） との間に密接な関連性を認め，シティズンシップ教育における学習は児童・生徒が主要技能を育成・習得する上で関連性・妥当性を有するものであると断言します。我々が提案する到達目標には，労力の重複を避け児童・生徒および学校に対しより大きな利益をもたらす方法としての，主要技能の育成・習得との統合を図る機会が多く設定されています。

8.2

最初に示した3つの主要技能は全4キーステージにおける到達目標の中心に位置するものです。コミュニケーションに関する能力は，シティズンシップ教育における議論に重点を置く姿勢と密接に関係するものであり，児童・生徒が小学校以降において口頭でのコミュニケーション能力を育成・実践する機会と深く関わるものです。これは，シティズンシップ教育における「あらゆる類の情報や証拠を収集したり慎重に評価したりする能力」ともつながるものである，読み書き能力に重点を置いた現在の姿勢と平行して捉えられるべきものです。シティズンシップ教育の学習過程には，児童・生徒が文章および口頭でのコミュニケーション能力や理路整然とした議論を展開する能力を発達させる上で役立つ機会が非常に多く存在します。

8.3

数の活用に関する主要技能についても，選挙制度や世論調査，統計といったものに関する分析や現行のイギリス選挙制度改革に関する調査などを通じて，シティズンシップ教育との関連の中で育成することができます。また指導過程において児童・生徒にデータ処理や情報の提示といった技能の育成機会を与えることで，シティズンシップ教育は情報技術（IT）に関する技能の育成にも役立ちます。更にシティズンシップ教育を扱う過程で，情報通信技術（ICT）の望ましい利用法を身につけさせることもでき，それにより到達目標をより効率的に習得させることが可能となります。ある

トピックに関する指導・学習は，ソフトウェアパッケージやウェブサイトを利用することでより効果の高いものとなるでしょう。

8.4

　その他の主要技能についても，密接な相互関連性を有するものについては，シティズンシップ教育における到達目標の土台となる指導法や学習機会を通じて育成することができます。他者との協力に関する主要技能は，シティズンシップ教育のねらいと目標において基礎となるものであり，また児童・生徒が地域ないしはより広い範囲の社会に関わるようになる上でも役に立つものです。自己の学習・実行能力の向上に関する主要技能は，到達目標の裏に存在する基本理念であり，また問題解決に関する主要技能は，シティズンシップ教育における学校内外での活動的・実験的取り組みを通じて育成することができます。我々は，一部の人々がすでに論じたように，机上の空論的な代替案の構築ではなく問題解決的視点こそが，教育における政治的・社会的思考の中核をなすべきものであると考えています。

8.5

　我々はまた，学校におけるシティズンシップ教育での学習の評価に対する日々の取り組みが，児童・生徒の主要技能に関する育成・習得についての評価を行う際に役立つ可能性についても言及しておきたいと思います。児童・生徒の学習達成記録やその他のしかるべき形の認定を通じたシティズンシップ教育の学習記録が存在することで，将来において16歳前および16歳後の双方に向けた主要技能に関する認定証明を開発する余地がもたらされます。

9. 学校全体の課題

9.1

　我々はシティズンシップ教育における学習と学校全体の課題や価値観の育成とが，双方向的な形で相互に大いに貢献する旨を認識しています。学校の理念・組織・体制・日々の習慣はシティズンシップ教育の実効性に多大な影響を与えます。学校はこれらの理念・組織・日々の習慣がシティズンシップ教育のねらいや目的とどの程度まで一致するか検討した上で，児童・生徒が行動的市民へと成長する機会を提供すべきです。児童・生徒が当然に意見を有すものと思われる学校生活のあらゆる面に関する議論や協議に彼らが携わるための，また可能な限り児童・生徒に学校運営の一部を担うという責任を負わせ経験を積ませるための，あらゆる努力を学校は惜しむべきではないと我々は考えます。(6.3を参照)

9.2

　シティズンシップ教育における学習は価値観の育成にも大いに貢献します。市民性と民主政治の土台となる価値観と性向は到達目標の中に明確に提示されています。児童・生徒には4つのキーステージにわたったシティズンシップ教育における学習の過程で，これらの価値観と性向を認識し，自身に反映させ，またそれに基づいて行動するよう求められます。これらの価値観と性向はPSHEおよび教育と社会における価値観に関する国際フォーラム（the National Forum for Values in Education and the Community）において示された，社会の中における価値観（児童・生徒の精神的・道徳的・社会的・文化的発育（SMSC）の推進に関する学校全体での取り組みについて考察しているQCAのテストケースの基盤をなすもの）と一定の範囲で重複します。(3.2を参照)

10. 意見の分かれる問題を取り扱う際の指導法

> **法的要件に関する概要**
> 1996年の教育法は、教員が子どもたちに政治的問題や意見の分かれる問題 (controversial issues) を提起する際には、一面的な見解のみを提示してはならない旨を掲げている。同法の第406条は学校の理事会、校長ならびに地方教育局に対し、学校のあらゆる教科教育の場面において特定の党派に偏った政治的見解の推進を禁ずるとともに、校内では12歳以下の児童による特定の党派に偏った政治活動の遂行を禁ずるよう命じている。また第407条は学校の理事会、校長ならびに地方教育局に対し、政治的問題や意見の分かれる問題が児童・生徒の前に提示される場合には均衡のとれた説明を行うないし対立意見を紹介する旨の実現に向け、あらゆる相当の現実的措置を講ずるよう求めている。
>
> もし誰かしらが、学校がこれらの要求を満たしていないと認めるに足る根拠を有している場合には、同人は法定の地域区分に基づいた理事会に対しカリキュラム関連の苦情について検討するよう正式に申し立てを行うことが認められている。また理事会の回答に不服の場合には、地方教育局からの補助を受ける公営学校については同局に、そして最終的には（公営学校または中央政府から直接の補助を受ける国庫補助学校については）国務大臣に、その苦情の内容を差し向けることが認められている。

10.1

　教育の場面では、より一層激しさを増す大人たちの議論から我が国の子どもたちをかばおうとするのではなく、そのような議論に知的、良識的、寛大かつ道徳的に対応するための準備を行わなければなりません。もちろん、教育者は決して思想の吹き込みを行おうとしてはなりません。しかし完全に偏見や先入観を捨てることはどうしても不可能であり、人権に関するものなど一定の問題に対しては、それは望ましいことではありません。意見の分かれる問題を取り扱う際には、教員は児童・生徒に、偏見や先入観を見分けたり、目前に提示された証拠を評価したり、別の解釈・視点・証拠資料を探ったりする方法を教えるといったやり方を用いるべきです。中でも、児童・生徒のあらゆる発言や行動に正当な理由づけをしたり、他者からの正当な理由づけを予測したりする作業は重要です。

10.2

　意見の分かれる問題には唯一不変の視点あるいは普遍的な視点というものが存在しません。このような問題に起因して社会はしばしば分断されたり，また主要団体はこれらの問題に対し相反する解釈や解決策を提案したりします。例えば，いかにして問題が発生し誰が責めを負うべきなのか，いかにして問題を解決できるのか，どういった理念が最終的な結論を導く際に用いられるべきか，などの事柄に対しては対立する見解が生じるかもしれません。

10.3

　意見の分かれる問題はほぼすべての教科を指導する過程で生じ得ます。例えば歴史科目では戦争・労働紛争・革命・クーデターといった出来事の原因について扱いますが，その際暗黙のうちに非難や称賛の要因について考えることになります。地理科目においては，自然環境および構築環境（built environment）の利用，ひいては公害や道路・空港・発電所の設置に関する問題といった事項が関わってきます。英文学は二股の忠誠心・愛国心・人の生命の重み・政治や世間における裏切り・信頼の危機・目的と手段ならびにその両者の関係および正当性に関する問題といった人生のドラマで満ち溢れています。宗教教育は，道徳的行為の基盤や人生の目的と意義といったものを扱っている通り，おそらく議論の核心を突く要素を包含するものといえるでしょう。そして理科・技術・美術といった科目においても，それらに関する学説や社会での活用といった点で議論が存在しないわけではありません。

10.4

　学校教育や社会教育活動の場面で意見の分かれる問題に焦点を当てることについて，教員にそのような活動を敬遠しないよう働きかけることに対しては，2つの観点からその正当性を論じることができます。すなわち，

第1に,直接的・実務的レベルの話として,意見の分かれる問題はそれ自体重要な事柄であり,それらに関する情報提供や議論を行わなければ,若者の教育経験の中に広く重大な穴をもたらすこととなってしまい,成人となるための準備を彼らが全うできなくなってしまう,との主張が存在します。意見の分かれる問題の多くは,道徳的・経済的・政治的・宗教的問題など,若者が知っていてしかるべき（これらの問題は彼らに直接的な影響を及ぼし得るものであったり,民主主義社会においてある結論を出すにあたって何らかの形で彼らが将来関与する機会を与えられるものであったりするので）現代における主要課題です。また他の問題は,永続的かつ不断の重要性を有するものです。戦争と平和,肌の色・民族・信条の異なる人同士の関係,迫害と正義といったものに関する社会的問題ならびに人の生命の価値,被造世界への責務,精神的価値に対する反応といったものに関する宗教的問題はすべてこれに含まれます。

10.5

第2に,より深い観点から,意見の分かれる題材を扱わなければ,知識や経験として積み重ねるべき重要な領域に触れないこととなるばかりでなく,価値ある教育を構成する上でまさに核心となる部分が除外されてしまう,との主張が当然になされます。知識の教授や技能の伝達（それがどれほど有益であるか否かにかかわらず）に向けた教員の努力が制限されてしまうと,学校における教育活動はあくまで訓練の枠を脱し得ないものとなってしまいます。単なる訓練とは対照的に,教育には,グループの意思決定への積極的な参加をはじめとする異なる経験の蓄積や,記憶力が良いというだけのレベルを超えた知力の向上が求められるのです。

10.6

我々がシティズンシップ教育の課程において意見の分かれる問題について検討する中で強化されると考える具体的な知力には,以下のようなもの

が含まれます。
- ■他者の関心・信念・見解を認識し理解しようとする意志や共感する姿勢
- ■ある問題に対し論理的思考を展開したり，自分の意見を形成・保持する際に真実や証拠を尊重したりする意志や能力
- ■意思決定を行ったり判断を下したりする際の基礎として，意思決定に参加したり，自由を尊重したり，代替案の中から選択を行ったり，公平性を尊重したりする意志や能力

10.7
　しかしながらこれを取り扱う際には注意が必要です。意見の分かれる問題に対しては，様々な団体が自身の強い立場を有する傾向にあり，時として他者が独自の見解を示すことに対して嫌悪感を抱く場合すら存在するが，教育に関わる者はその点を留意しておかなければならないというのが，この問題が有する特徴的性格です。意見の分かれる問題はデリケートな問題ともなり得ることを教育者は理解しておく必要があります。校長，理事会ならびに地方教育委員会の委員は，児童・生徒に対し偏見や先入観に基づいた教育，更には思想の吹き込みが行われるのではないか，との不安を保護者が有する可能性を推察したり不安視したりするかもしれません。これらの問題を取り扱うことに対し，一部の教員，特に新人の教員は自信を欠くのも無理からぬことです。

10.8
　このような懸念はありがちではあるものの，概して根拠のないものであり，教員の専門性と賢明さをあまりにも過小評価したものです。1980年代初頭に平和教育といった特にデリケートな問題に関する学校での取り扱いに一定の注目が集まった際，助言者および監査官は，教員が立場を乱用し児童・生徒に自身の主張を説きつけようとする可能性を警戒するとともに，苦情については調査をするよう求められていました。しかしそのよう

な事実が立証された例はほとんどなく，勅任視学官（HMI）の上級監査官は当時の教育大臣に対し，かような事態が現実に生じたとは認められない旨，再確認することができました。

10.9

しかしながら意見の分かれる問題を取り扱う際には，無意識であるなしに関わらず偏見や先入観を伴う危険性が常に存在するとの指摘は，我々も認めるところです。ベテランの教員はそれを避けるべく，以下のような傾向を自制していることでしょう。

- ■証拠となる事実や事柄についてある特定のもののみを強調し，結果として当該事項を，それと同等の意義を有する他の情報以上に重要視すること
- ■ある情報をあたかも別の解釈や見方ないしは反駁が不可能であるかのように提示すること
- ■自身が「事実」に関することのみならず意見に関しても唯一の拠り所であるかのようにふるまうこと
- ■意見やその他の価値判断をあたかも事実であるかのように提示すること
- ■他者に対する見解について，各種利益団体それ自体が表明した実際の要求や主張を示さずに，自身の考える根拠を提示すること
- ■自身の好みを表情・身振り・口調などで表すこと
- ■討論の際に特定の人物のみに発言の機会を与える，あるいは全ての児童生徒に自分の見解を表明する機会を与えないことで，自身の好みを暗に示すこと
- ■あまりにも簡単に生じた意見の一致に対し疑問を呈する姿勢をおろそかにすること

ベテランの教員はまた，全ての児童・生徒が担当教員や同級生から出された主張と相反する合理的な主張を躊躇なく展開できるようなクラスの雰囲気を作ることに関しても長けていることでしょう。

10.10
　しかしながら上記の内容は，クラス全体に対し意図的に自身の主張を信じ込ませようとする教員がいるかもしれないとの懸念を抱く人々に，十分な安心感を与えてくれるようなものではありません。既述の通り，そのような懸念は概して根拠のないものではあるものの，やはり何らかの対応を要するものです。そこで，危惧の念を抱く人々に対し一定の安心感を与えるとともに，シティズンシップ教育のねらいを実現させるべく，教員は意見の分かれる問題をどう取り扱い得るかという点に関し，提案が求められることとなります。

10.11
　これら2つの懸案事項に取り組むにあたっては，偏見や先入観を見分ける能力・判断力，論理を評価・判断する能力，ならびに目前に提示された証拠を考察したり別の解釈・視点・証拠資料を探ったりする能力といったものを児童・生徒に身につけさせる，との目標を優先事項として掲げた教育法を導入するのが最も効果的でしょう。第6項の到達目標に基づいた我々の推奨する教育課程の中にはこれらの懸案事項に対するきめ細かな取り組みが示されています。これらの理念に基づいた教育法が実践されることで，意見の分かれる問題は確実に，公平かつ適切な形で，また十分な専門性の下で実施されることとなり，そして何より児童・生徒の興味・関心を高め，シティズンシップ教育における基本的な目標の多くを達成し得るような形で扱われることとなるでしょう。

10.12
　意見の分かれる問題の取り扱いに関しては，広く推奨されているものとして3種類の方法が存在します。

(a) 「中立司会者（Neutral Chairman）」型。これは学校評議会の人文科学

カリキュラムプロジェクト（HCP: Humanities Curriculum Project）において最初に支持されました。この方法においては，教員は一切の個人的見解や傾倒を表明してはならず，多種多様な証拠が検討の対象とされ，またあらゆる類の意見が表明されるよう努めつつ，議論のまとめ役（facilitator）としての役割のみを演じることとなります。

(b)「均衡（Balanced）」型。ここでは教員は，問題に関する全ての見解を確実に押さえた上で，児童・生徒が自身の判断を下すための足掛かりとして，様々な別の見解に対し自分の意見を表明することが要求されます。この場合教員は，自分自身ないしはクラス全体が意見を異にする見解についても，できるだけ説得力のある形で提示するよう努めなければなりません。換言すれば，教員は必要に応じて故意に逆の立場を取らなければならないということになります。

(c)「明示参加（Stated Commitment）」型。ここでは教員は，議論の促進を図る目的で最初から自身の見解を率直に表明し，それに対し児童・生徒は賛成または反対を自由に表明することが望まれます。

10.13
　我々からすると，これらの方法がそれぞれ分離して，厳格な形で，あるいは単独で実行されるとなれば，そこには重大な欠陥が存在するように思われます。「中立司会者」型のみを用いる教員は，おそらく自身の「中立的」な姿勢に児童・生徒が疑念を抱いていると感じることでしょう。その理由としては，学校での他の場面における当該教員の姿を児童・生徒が見て知っているためといったものが考えられます。また人文科学カリキュラムプロジェクト（HCP）の人種に関する実験教材への評価においては，この方法を用いた場合，児童・生徒は自身が望む内容にのみ耳を傾けることとなり，結果として彼らの偏見を余計に強め得るとする報告も存在します。

また「均衡」型も明白な危険性を有するものです。すなわち，教員が授業中にあらゆる見解に対し同等の配慮を示そうと努力する一方で，児童・生徒自身はすでにマスコミによる政党色の強い意見の連続にさらされていることから，そこで得た事柄と相反する意見や情報を十分に有していない可能性が指摘されます。更に「明示参加」型は，それのみをもって最初から深刻な危険性をはらむものです。すなわちこの方法を用いる教員はおそらく，偏見や先入観を責められたり，学習者への思想の吹き込みが行われているとして非難されたりすることでしょう。

10.14

それぞれの問題や状況に対して個々に最善の方法が存在するかの如く，教員に向けて指導法を提示しようとするつもりはありませんし，またそのような立場にもありませんが，それでもなお「良識」型は大いに推奨に値するものであると我々は考えます。すなわち，意見の分かれる問題を取り扱う際の自分なりのスタイルを開発する過程で，教員には我々が概要を示したこれらの方法のいずれかあるいはその全てについて，自由に改良・選択の余地が与えられるべきであると我々は考えています。例えばある時に「私たちがこれから検討するこの議題に対しては様々な見解があります。皆さんはどう思いますか」と語りかけるのは，授業や討論の出発点として有効なものとなるでしょう。また議論が進展する中でそういったあらゆる視点に対し教員が自身の見解を述べるというのも，それとは反対の意見が見出され提示される限りにおいては，児童・生徒にとって有益なものとなるでしょう。同様に，教員が「実は私はこのような出来事について個人的な経験があるので，ぜひ皆さんにも聞いてもらいたいのですが」と述べられるような状況にあれば，それも時として有効であるといえるでしょう。

10.15

基本理念として確定すべきは，意見の分かれる問題はまさにその性質上

簡単に答えを導き出せるようなものではない，ということを学習者にはっきりと認識させる上で最も効果的と思われるあらゆる手法を用いるよう教員に望む，という点であります。とはいえ，教員がどの方法を用いるとした場合であっても，優れた実践を行うにあたっては，以下に示すような質問に対するチェックリストを用いて，ある問題に対するあらゆる見解について適正かつ全面的な検討を必ず実施することで，偏見や先入観が伴う危険性を確実に回避することが常に求められます。

■この問題の主たる特徴ならびに原因とされる事柄は何か。
■これらの事柄は通常，どういった場面で，誰によって，どのように解決されるのか。
■この問題は他の方法によって解決され得るのか。
■この問題と密接な関係を有する主要団体はどこであり，彼らは何がなされるべきであると述べているのか。またなぜそのような主張をするのか。
■彼らが有する利害関係や価値観とはどのようなものか。彼らの政策がもたらすであろう影響とはどのようなものか。
■どのように説得されれば人々は行動を起こしたり考えを変えたりするか。
■情報の正確性についてはどのように調査すればよいか。また追加の証拠や別の意見はどこで得ることができるか。
■この問題はどのような形で我々に影響を及ぼすのか。また我々はどのような形で自身の見解を表明し，結論を導くにあたり影響力を有することができるのか。

10.16

意見の分かれる問題の取り扱いに関し，多くの人々，特に保護者，校長ならびに理事会が不安を感じていることを，我々は認識しています。それでもなお，まとめるならば，ここに示す３つの重要な理念が本章における提案の土台となっている旨を，我々としては強調しておきたいと思います。

(a)　我々はその困難さを十分に承知しつつも，真に自由な形で難しい問題について考察するという経験を児童・生徒に与えることは，シティズンシップ教育において不可欠かつ有意義となる要素をもたらすものであると確信しています。

(b)　それ故に考察の対象となる問題の選択については，常に児童・生徒自身に一定の裁量が与えられるべきであります。その理由としては，第1に，こうすることで結果的に題材に対する彼らの熱意・関心が大いに高まるという点が，第2に，これにより彼らを一部特定の関心や見解の押し付けから守ることができるという点が挙げられます。

(c)　優れた実践を行うにあたっては，たいていの場合，厳格な審査を受け入れることができかつ対外的に正当化することのできる確定した一連の基準（上記10.15に提示されているようなもの）に基づいて問題を分析するという形式を取ることになるでしょう。

11. おわりに

11.1

　本レポートが議論を活性化させるものとなるかあるいはそれには至らないかはともかくとして，最後は大法官の言葉で締めくくらせていただきたいと思います。偶然にも本年初頭に，大法官は事務弁護士会のシティズンシップ財団に対する演説の中で，我々が定義したシティズンシップ教育における3つの構成要素について，明確かつ強力な表現を用いて以下の通り述べました（1998年1月27日）。

　　「健全な社会は，未来を気遣う人，公益の発展に積極的に寄与する人，『無関心』文化を善しとしない人，『それが自分にとって何の役に立つのか』と常に問いかけたりしない人，活動的市民でありたいと望む人，こういった人々によって構成され

るのである。このような人になるためには、周辺社会への帰属意識あるいは一体感といったものをあらかじめ有していなければならない…。我々の目標は、一方では自身の権利について学び、理解し、それを主張でき、また他方では個人的な充足感を得るための道は自身が所属する社会の強化に向けた積極的な関わりの中に存在するということを理解しているような、有能で見聞が広く権能を有した市民たちによる国を作り上げることである。

　シティズンシップ教育では人々に対し、自分の権利を主張し現状に異議を唱える度胸を身につけさせると同時に、権利には義務が伴う旨をはっきりと伝えなければならない。法・正義・民主主義を尊重する精神を育てなければならない。自ら考える力を養わせると同時に、公益に対する関心を育成しなければならない。一連の必要不可欠な能力、すなわち他者の話を聞く力、論じる力、および論理的に主張を展開する力、更にはより卓越した見識や別の見解の真意を受け入れる力を身につけさせなければならない。

　しかしながら、人々は試行錯誤の中で学習を重ねることからして、シティズンシップ教育における実践的体験は原理上正規の学校教育と同等以上の重要性を有するものといえる。シティズンシップ教育が有する理論の実現に向けては、社会でのボランティア活動の中にその最善策の1つを見出すことができる。若者はしばしば、成人になるまでの間に失われてしまうような、他者に対する精神的・物質的寛容性を発揮するものである。いかにして子どもたちにその寛容な性格を保持させられるか、そして彼らがそれを最高の形で役立てるためにはどういった支援ができるのか。これらは我々が今直面している課題の1つである。」

Membership of the Advisory Group
シティズンシップ教育に関する諮問委員会

Patron: The Rt Hon Betty Boothroyd, MP, Speaker of the House of Commons
Chairman: Professor Bernard Crick
Members:
Elaine Appelbee, Member of the General Synod of the Church of England
Lord Baker, CH, former Secretary of State for Education and Home Secretary
Tom Bentley, from the think tank, DEMOS
Michael Brunson, Political Editor, ITN
Heather Daulphin, Director of Post-16 Studies, Hampstead School, London
Mavis Grant, Headteacher of Mary Trevelyan Primary School, Newcastle-upon-Tyne
Elisabeth Hoodless, CBE, Chief Executive of Community Service Volunteers (CSV)
Sir Donald Limon, KCB, representing the Speaker of the House of Commons
Jan Newton, Chief Executive of the Citizenship Foundation
Dr Alex Porter, former Lecturer in Education (Politics) at the Institute of Education, University of London
Usha Prashar, CBE, Chair of the Parole Board
Graham Robb, Headteacher of Lode Heath Secondary School, Solihull; appointed HM Chief Inspector for Careers Education, April 1998
Marianne Talbot, Lecturer in Philosophy at Brasenose College, Oxford
Sir Stephen Tumim, OBE, former HM Chief Inspector of Prisons in England and Wales
Phil Turner, former Assistant Education Officer at the Borough of Redbridge, London (until 2 June 1998)
Observers:
Scott Harrison, Office for Standards in Education (OFSTED)
Stephen Harrison, Teacher Training Agency (TTA)
Phil Snell, Department for Education and Employment (DfEE)
Qualifications and Curriculum Authority (QCA):
Liz Craft, Project Manager
Chris Jones, Head of National Curriculum Review Division
David Kerr, Professional Officer, seconded to QCA from the National Foundation for Educational Research (NFER)

The Advisory Group was appointed by the Secretary of State and managed by QCA. This report is published by QCA on behalf of the Advisory Group.

本諮問委員会は，国務大臣による任命に基づき，QCA が運営を行った。
この報告書は，本諮問委員会にかわり，QCA が刊行したものである。

あとがき

　2002年に英国で「Citizenship」がナショナル・カリキュラムの必修教科となってから，はや10年が経った。日本でも，学習指導要領の改訂により，中学校公民では，「社会的に解決すべき課題の探究」がとり入れられた。あわせて，いくつかの自治体では，「市民科」「ご当地科」の取り組みも始まっている。「シティズンシップ教育」という言葉も，少しずつ浸透しつつある。

　このようななかで，バーナード・クリック氏が委員長としてまとめた「Education for Citizenship and Democracy in schools」(クリックレポート：本書第三編)は，教育関係者にとどまらず，多くの方々に読んでいただきたい報告書である。1998年の刊行ではあるが，社会参加，民主主義の教育を語るうえで，いまもなお多くの示唆に富んでいる。

　科学の発展により，世界中の国々に人がめぐることができ，さまざまなことができるようになった。にもかかわらず，社会の諸課題は，解決どころかますます増える一方である。一人の力では解決できない，政治の力でもなかなか解決できない，そんな社会的課題や困難を，一人一人が手を取り合って，力を合わせて解決していくしかない。小さな一歩から，取り組んでいくしかない。

　本書にも登場する英国のＮＰＯ「CSV (Community Service Volunteers)」のキャッチフレーズは，「Make A Difference」であり，「小さなことから少しずつでも社会を変えていく」という意味である。一人が投じる一票も，一人の行動も小さな変化にすぎない。それでも，その小さな変化がなければ，大きな変化を生み出すことはできない。シティズンシップとは，それを端的に表す言葉だろう。だからこそ，多くの人の心をつかんでいるにち

がいない。

　日本でも英国でも，首相の交代，政権交代と政治の大きなうねりがあり，それを受けて教育も大きく変動を続けてきた。時代によって，さまざまな教育の形があるだろう。だからこそ，シティズンシップの育成という理念軸が，とりわけ公教育においては，重要であるといえる。

　本書の企画が立ち上がってから，長い月日が経ってしまった。多くの方々のお力添えをいただきながら，この日まで延びてしまったことは，筆者の力不足によることを素直にお詫びしたい。重ねて，多くの方々に多大なるお力添えをいただいたことを心から感謝したい。英国視察から執筆までご指導とご協力をいただいた長沼豊氏，第三編の翻訳にご協力いただいた鈴木崇弘氏，由井一成氏。紙幅の関係から，すべての方々のお名前を記すことができないことをどうかご容赦いただきたい。

　筆者の活動も，本書の企画も，一通のクリック氏への手紙から始まったものである。氏のご逝去を悼むとともに，心から感謝の念をささげることで，本書の結びとしたい。

2012年10月　大久保　正弘

編著者プロフィール

長沼豊（ながぬま ゆたか）

学習院大学教授

高校・大学時代からボランティア活動にかかわり，学習院中等科教諭を経て1999年4月から学習院大学教職課程助教授。その後，准教授を経て2009年4月から現職。大阪大学大学院人間科学研究科博士後期課程修了，博士（人間科学）。ボランティア学習，市民教育，特別活動，数学教育を中心に研究を進める。日本特別活動学会副会長，日本ボランティア学習協会常任理事などを務める。著書は『実践に役立つボランティア学習の基礎理論』（大学図書出版，単著），『新しいボランティア学習の創造』（ミネルヴァ書房，単著），『市民教育とは何か －ボランティア学習がひらく－』（ひつじ書房，単著）など多数。全国各地でボランティア学習についての講演やワークショップを行う。自称「ボランティア学習仕掛人」。趣味は水泳，特技は姓名占い。

大久保正弘（おおくぼ まさひろ）

シティズンシップ教育推進ネット代表，株式会社キーステージ２１代表取締役。埼玉大学講師。

東京学芸大学教育学部卒。法政大学大学院政策科学研究科修了。予備校講師，検定教科書編集者，政党シンクタンク研究員等を経て，現職。研究領域は，教科教育，問題解決論，公共政策（地域・コミュニティ政策，地方自治，福祉・社会保障）など。
執筆に「シチズンシップ教育－新しい授業の提案」，『社会科教育』（明治図書），「政策を実現する方法を考えよう」「市民が政策をつくる時代」ほか『シチズン・リテラシー－社会をよりよくするために私たちにできること』（鈴木 崇弘（編），教育出版），「海外教育改革 最新事情 イギリス 市民科－その現状と成果・課題について－」『総合教育技術』（小学館），「シチズンシップをどう取り上げるか」『総合的学習を創る』（明治図書），「『民が立つ』教育－シチズンシップ教育のめざすもの－」『埼玉大学教育学部研究紀要 No.7 2008』，「公共圏の変化における参加と提案の学習活動」『社会科教育研究 第110号』 など。

翻訳者プロフィール

鈴木崇弘（すずき たかひろ）

城西国際大学国際アドミニストレーション専攻客員教授。宇都宮市生まれ。東京大学法学部卒。マラヤ大学，イースト・ウエスト・センターやハワイ大学大学院等に留学。総合研究開発機構，東京財団研究事業部長，大阪大学特任教授，「シンクタンク2005・日本」事務局長などを経て現職。朝日新聞WEBRONZAのレギュラー論者なども兼務。主な著書・訳書に，『学校「裏」サイト対策Q&A〜子どもを守るために〜』（共著），『日本に「民主主義」を起業する－自伝的シンクタンク論』『シチズン・リテラシー－社会をよりよくするために私たちにできること』（編著）など。その他英和文での論文多数。現在の専門および関心分野は，民主主義の起業，政策インフラの構築，政治・有権者教育，新たなる社会を創出していける人材の育成さらに教育や統治における新システムの構築。

由井一成（ゆい かずなり）

日本女子大学附属高等学校外国語科専任教諭。
学習院大学法学部卒。学習院大学法学研究科法律学専攻博士前期課程修了。Vancouver Community College にて，TESOL Diploma を取得。サイモン・フレーザー大学，ブリティッシュ・コロンビア大学に留学。駒込学園嘱託教諭を経て現職。一般財団法人語学教育研究所第26研究グループ（中学高校英語教育）主任。中学・高校の英語教育を対象に，授業ビデオを通して「指導法」や「教材」を検討し，よりよい授業を目指すための研究を行っている。また近年は，外国語学習・教授・評価のためのヨーロッパ共通参照枠（CEFR）に準拠した外国語運用能力の日本スタンダード（JS）の共同開発や高校検定教科書英語表現Ⅰの指導書執筆にも携わっている。
趣味は競技かるた百人一首（四段）。現在，神奈川県高校選抜チームの監督を務める。

バーナード・クリック（Bernard Rowland Crick）1929年－2008年

英国の政治学者：シェフィールド大学教授を経て，ロンドン大学名誉教授。ブレア政権時に，シティズンシップ教育に関する諮問委員会の委員長を務めた。この諮問委員会の報告書「シティズンシップのための教育と学校で民主主義を学ぶために」は，通称クリック・レポートと呼ばれている。邦訳に，『現代政治学の系譜－アメリカの政治科学』（時潮社），『デモクラシー』（岩波書店），『ジョージ・オーウェル－ひとつの生き方』（岩波書店）などがある。

編集協力

長沼 慧　林 弘基　中村 真純　佐藤 瑞子　水谷 康佑　佐々木 亮二　小池 明日香

Special Thanks

高橋 早季

キーステージ21　ソーシャルブックス

社会を変える教育　Citizenship Education
～英国のシティズンシップ教育とクリック・レポートから～

2012年10月1日　初版発行
2019年1月10日　初版第2刷発行

編著者　長沼豊/大久保正弘
著　者　バーナード・クリックほか
訳　者　鈴木崇弘/由井一成
装丁デザイン　佐藤えりか/帯川みなみ
発行者　大久保正弘
発行所　株式会社キーステージ21
　　　　東京都町田市小山ケ丘4丁目7番地2-818　〒194-0215
　　　　電話　本社 042-779-0601　出版部 042-634-9137
印刷・製本　モリモト印刷株式会社

Ⓒ Y. Naganuma　2012, Printed in Japan
本書の無断複写（コピー）は著作権法上での例外を除き、禁じられています。
ISBN978-4-904933-01-5　C0037